PARCOURS
Promesse d'Amour

Carnet de route des fiancés

PARCOURS DE PRÉPARATION AU MARIAGE À L'ÉGLISE

MAME · TARDY

Chers fiancés,

L'Église vous accompagne de tout cœur vers le sacrement du mariage !
La joie que vous éprouvez à être ensemble, le désir de vous donner totalement l'un à l'autre, tout cela révèle déjà quelque chose du lien que le Créateur a voulu établir entre lui et l'humanité créée à son image et à sa ressemblance.
Les évêques vous invitent à vivre un parcours afin que, dans la parole que vous échangerez bientôt, vous apportiez le plus possible de vous-mêmes, pour le mettre en vérité à la disposition de Dieu.
Tout se noue dans une parole échangée : Dieu s'est engagé dans sa parole créatrice.
Le parcours « Promesse d'amour » balise l'itinéraire. Sa pédagogie des « quatre temps de parole » est simple ; la mettre en œuvre demande de la méthode. Ayez confiance. Le poète l'a écrit : « Il n'y a qu'à nous embarquer adroitement sur le mouvement bienheureux des choses. »

Bonne route à vous,

Mgr Éric de Moulins-Beaufort
Archevêque de Reims

Vous avez pris cette décision importante et peut-être longuement mûrie :
« Nous voulons nous marier ! »

Cette décision, qui vous rend si heureux vous « dépasse » et vous ressentez le caractère sacré de ce que vous voulez vivre. C'est pourquoi vous demandez à l'Église son aide pour préparer vous-mêmes votre mariage.

L'Église se réjouit avec vous et s'engage auprès de vous.

Êtes-vous allés à la paroisse du lieu où vous habitez, l'un ou l'autre ?
Si non, c'est la première chose à faire, sans crainte.

On vous expliquera ce que l'on vous propose et vous verrez si cela vous convient. Si l'un de vous n'a pas reçu le baptême ; si l'un de vous n'a pas la foi, ou appartient à une autre religion, n'ayez aucune crainte, n'hésitez pas à pousser la porte de l'église.

C'est vous qui préparez votre mariage et l'Église se met à votre service.

En préparant votre mariage, vous comprendrez que le célébrer à l'église catholique est un engagement sérieux des fiancés, un engagement sérieux de l'Église. Votre mariage n'est pas un acte privé, il concerne la société humaine et la communauté ecclésiale.

Le *Carnet de route des fiancés* a été conçu et écrit pour vous aider à préparer votre mariage. Peut-être vous a-t-il été donné à la paroisse, c'est ce qui est souhaitable ; peut-être l'avez-vous acheté parce qu'il a attiré votre attention, c'est bien.
Les pages suivantes vous indiqueront comment l'utiliser avec profit. Lisez-les avec attention, en prenant des notes s'il le faut.

Bonne route !

« L'heure pour nous »

Parce que c'est vous qui préparez votre mariage, nous vous invitons à décider fermement de prendre, chaque semaine, ou presque, un rendez-vous à deux, dans le secret de l'amour que vous construisez.

Ce sera « L'heure pour nous ».

Ce rendez-vous est prioritaire par rapport à tout le reste. Vous le noterez sur votre agenda. Le temps que vous avez donné à votre futur conjoint, vous ne le reprendrez à aucun prix. Vous serez fidèle à l'autre.
La fécondité du chemin que vous vivrez à l'aide de ce livre dépend donc essentiellement de vous, de votre fidélité à ce rendez-vous hebdomadaire.

Pour ces rendez-vous, il vous faut :
- le *Carnet de route des fiancés*, qui vous donnera le « grain à moudre » pendant « l'heure pour nous » ;
- le *Carnet de notes* (collé sur la troisième de couverture), que vous allez remplir ensemble, chaque semaine ;
- un stylo pour écrire.

Comment vivre « L'heure pour nous » ?
Le plus simple est d'en vivre une, à titre d'exercice.

Remarque : si vous n'avez pas, pour l'instant, une heure disponible, ou un peu plus, prenez votre agenda et fixez tout de suite un rendez-vous très proche. Puis fermez ce carnet. Vous l'ouvrirez à cet endroit au début de votre « heure pour nous ».

Rencontrer Jésus ?

C'est le thème de « L'heure pour nous » que vous vivez.
Nous allons vous accompagner tout au long de cet exercice.
Laissez-vous guider, cela vous aidera, par la suite, à vivre « L'heure pour nous » à votre façon.

Premier temps : trouver le calme

Vous avez besoin de calme.
Accordez-vous ce luxe d'être seuls au monde.
Les écrans sont éteints, le téléphone débranché, les mobiles en mode silencieux.
Vous êtes bien installés avec ce qu'il faut pour vivre ce rendez-vous.

La journée a probablement débordé d'activités, avec ses joies et ses soucis…
Prenez le temps de partager tout cela.
Si vous en ressentez le besoin, dites-vous une parole de réconciliation.
Échangez des mots d'amour.

Prenez un petit temps de silence, pour descendre au fond de votre cœur.
Une fois dans la paix, si vous êtes baptisés ou si vous êtes prêts à le faire par amour de l'autre, tracez sur vous un beau signe de croix, en disant, à voix haute et bien ensemble : « Au nom du Père, et du Fils, et du Saint-Esprit. »

Remarque : il faut habituellement quelques minutes pour être dans le calme, mais s'il vous faut plus de temps, prenez-le !

Ce premier temps terminé, lisez la page 2 de votre *Carnet de notes.*
Puis, regardez les deux pages suivantes de votre *Carnet de route.*
Pour chaque « heure pour nous », vous aurez une double page avec tout ce qui est nécessaire pour vous permettre de la vivre de façon fructueuse.

Maintenant, rendez-vous page 8 pour commencer l'exercice.

Rencontrer Jésus ?

Le lendemain encore, Jean Baptiste se trouvait là avec deux de ses disciples. Posant son regard sur Jésus qui allait et venait, il dit : « Voici l'Agneau de Dieu. » Les deux disciples entendirent ce qu'il disait, et ils suivirent Jésus. Se retournant, Jésus vit qu'ils le suivaient, et leur dit : « Que cherchez-vous ? » Ils lui répondirent : « Rabbi – ce qui veut dire : Maître –, où demeures-tu ? » Il leur dit : « Venez, et vous verrez. » Ils allèrent donc, ils virent où il demeurait, et ils restèrent auprès de lui ce jour-là. C'était vers la dixième heure (environ quatre heures de l'après-midi).

Jean 1, 35-39

Jésus et ses disciples arrivent à Jéricho. Et tandis que Jésus sortait de Jéricho avec ses disciples et une foule nombreuse, le fils de Timée, Bartimée, un aveugle qui mendiait, était assis au bord du chemin. Quand il entendit que c'était Jésus de Nazareth, il se mit à crier : « Fils de David, Jésus, prends pitié de moi ! » Beaucoup de gens le rabrouaient pour le faire taire, mais il criait de plus belle : « Fils de David, prends pitié de moi ! » Jésus s'arrête et dit : « Appelez-le. » On appelle donc l'aveugle, et on lui dit : « Confiance, lève-toi ; il t'appelle. » L'aveugle jeta son manteau, bondit et courut vers Jésus. Prenant la parole, Jésus lui dit : « Que veux-tu que je fasse pour toi ? » L'aveugle lui dit : « Rabbouni, que je retrouve la vue ! » Et Jésus lui dit : « Va, ta foi t'a sauvé. » Aussitôt l'homme retrouva la vue, et il suivait Jésus sur le chemin.

Marc 10, 46-52

Le récit de saint Jean se déroule au tout début du ministère public de Jésus. Celui de saint Marc, quelques jours ou quelques semaines avant que Jésus n'arrive à Jérusalem pour y souffrir sa Passion. Dans les deux cas, il s'agit d'une rencontre entre Jésus et des hommes qui attendent quelque chose de lui et qui désirent le suivre. Que dit Jésus ? Que fait-il ? Comment les hommes l'abordent-ils et l'accueillent-ils ?
Les « façons de faire » du Seigneur ne sont pas différentes pour nous aujourd'hui. C'est à nous que Jésus pose une question précise. Et nous lui adressons, en retour, notre demande ; celle, par exemple, de demeurer avec lui.

Ce que nous dit la foi chrétienne

Les noms de Jésus

- Chaque nom de Jésus révèle qui il est ou quelle est sa mission.
- Donner un nom à Jésus, c'est déjà le connaître.

Suivre Jésus

- Pour rencontrer « vraiment » Jésus, il faut le suivre.
- Suivre Jésus, c'est écouter sa parole et imiter sa façon de vivre.

L'épreuve

- Jésus pose une question pour mettre en route notre volonté.
- Jésus, par ses questions, met à l'épreuve la foi de son interlocuteur.

Questions personnelles

Reportez-vous à votre *Carnet de notes*, page 3.

Prière des fiancés au début de leur préparation

Seigneur notre Dieu, nous sommes venus vers ton Église, pour préparer notre mariage.
Tu veux qu'en construisant notre foyer, nous cherchions à nous aimer chaque jour davantage.
Tu veux que nous connaissions le Christ, et suivions son exemple, lui qui nous a aimés jusqu'à mourir sur une croix.
Bénis, protège et fortifie notre amour. Qu'il soutienne notre fidélité, qu'il nous rende heureux et nous fasse découvrir la joie du don total à celui qu'on aime.
Que notre amour, semblable à ton amour, Seigneur, devienne une source de vie ; qu'il nous garde attentifs aux appels de nos frères, et que notre futur foyer soit ouvert aux autres.
Que nous prenions une part active à la construction d'un monde plus juste et fraternel, et qu'ainsi, nous soyons fidèles à notre vocation d'homme et de femme.
Amen !

D'après la Bénédiction nuptiale n° 5

Deuxième temps : méditer la parole de Dieu

Comptez environ une demi-heure pour ce deuxième temps. Puis, passez au temps suivant.

Au cours de la célébration de votre mariage, le prêtre ou le diacre vous adressera ces mots : « Vous avez écouté la parole de Dieu, qui a révélé aux hommes le sens de l'amour et du mariage… »
En effet, la parole de Dieu est au cœur de la foi et de la célébration chrétienne ; elle en est la source et la lumière. C'est pourquoi, chaque semaine, vous méditerez un passage de la Bible dont vous trouverez le texte dans ce *Carnet de route*.

C'est la parole d'un « Vivant »

La parole de Dieu n'est ni un récit mythologique, ni la trace lointaine d'un passé plus ou moins révolu. Elle est la parole du Dieu Vivant. Pour les chrétiens, Jésus, vrai Dieu et vrai homme, mort et ressuscité, est au cœur de cette Parole, il est cette Parole. Lui-même, ressuscité, affirme : « Et moi, je suis avec vous tous les jours jusqu'à la fin du monde. » (Matthieu 28, 20)

Proclamez à tour de rôle ces deux passages d'évangile (page 6).

« Écouter » la Parole

Les hommes, parfois, se parlent sans se comprendre. Ils s'entendent, mais ne s'écoutent pas. Et ce qui est vrai au niveau humain l'est davantage encore quand Dieu s'adresse à l'homme. Pas étonnant que la Bible retentisse sans cesse de cet appel qui rythme la vie du juif croyant : « Écoute, Israël ! »

Conseils

- Lorsque vous lisez les textes, proclamez-les à mi-voix, pour bien signifier qu'il s'agit de la parole d'un vivant.
- Mettez-vous « en situation ». Vous êtes aujourd'hui comme ces deux disciples, ou comme Bartimée. Vous avez écouté ceux qui vous ont accueillis, ou l'appel de la foule des chrétiens. Vous « suivez » Jésus en prenant ce temps, au commencement de votre préparation au mariage. Jésus, aujourd'hui, se tourne vers vous, pour vous poser une question : « Que cherchez-vous ? » « Que veux-tu que je fasse pour toi ? » Pourquoi êtes-vous venus demander le mariage à l'Église ? Que demandez-vous à Dieu ?

- Devant chaque texte, posez-vous des questions concrètes et simples : Qui parle ? Qu'est-il dit ? Quels sont les faits, les actes posés ? Par qui ? Avec quel(s) résultat(s) ?
  Aidez-vous mutuellement à lire, à écouter. Il ne s'agit pas d'entrer dans un débat contradictoire, mais d'apprendre, ensemble, à écouter et à comprendre en vérité. Car nous sommes toujours tentés d'interpréter la parole de Dieu et de la « retailler » selon nos vues.
  Entendons-la telle qu'elle est !
- Inscrivez sur votre *Carnet de notes*, à la page correspondante, vos découvertes, vos désaccords, les questions que vous voudriez approfondir à propos de cette Parole.

Aujourd'hui, vous pouvez vous poser ces questions :
- Que nous dit-on de Jésus au début de chaque récit ?
- Quels noms sont donnés à Jésus ? Par qui ? Que signifient-ils ?
- Que dit Jésus à ceux qui veulent le rencontrer ? Pourquoi ?
- Que font ceux qui veulent rencontrer Jésus ?
- Quelle est la condition pour « rencontrer » Jésus ?
- Y a-t-il quelque chose qui nous intrigue dans chacun de ces passages ?

Revenir page 6 pour avoir les textes sous les yeux.

« Garder » la Parole dans son cœur

La parole de Dieu est comme la rosée qui vient abreuver la terre. Légère, impalpable, elle pénètre plus facilement si la terre est déjà préparée. Pour que la Parole puisse porter du fruit, votre cœur doit s'ouvrir. Une fois que vous avez écouté, il faut accueillir.

Conseils
- Après avoir scruté cette Parole, ensemble, pour bien la comprendre, l'un d'entre vous la proclamera une nouvelle fois, lentement.
- Vous prendrez alors un temps de silence pour qu'elle pénètre dans votre cœur. Vous pourrez garder les yeux fixés sur le texte, pour relire tel ou tel verset, toujours en silence. Ce moment peut durer deux ou trois minutes, voire plus.

Entendre une bonne nouvelle pour soi

La parole de Dieu est une promesse qui vous est faite, une bonne nouvelle qui vous est annoncée. Elle n'est pas forcément la même pour chacun. Peut-être aussi entendrez-vous quelque chose de différent dans un mois, ou dans un an. Mais vous êtes, aujourd'hui, appelés chacun à croire Dieu sur parole.

Conseils

- N'ayez pas peur de ce temps de silence. Il faut faire silence pour rencontrer l'autre. Il faut faire silence pour rencontrer Dieu.
- Chacun d'entre vous, pendant le temps de silence, peut dire à voix haute, mais de façon très brève, la promesse, ou la bonne nouvelle qu'il a entendue. Par exemple : « Je peux demeurer avec toi, Jésus. » Ou bien : « Jésus, augmente ma foi. » Vous pouvez également garder le secret que Dieu vous a murmuré.
- Vous accueillerez ce que dit l'autre comme un cadeau, offert par amour.

Ne pas avoir peur

La parole de Dieu, si on l'écoute en vérité, ne laisse pas indifférent, car elle « sonde les reins et les cœurs ». À certains moments, vous serez peut-être confrontés à des affirmations qui bouleverseront vos façons de penser, et qui vous appelleront à vivre autrement.
Ne craignez pas ! Il faut toute une vie pour grandir dans l'amour. Dieu vous appelle à la sainteté, parce qu'il vous aime. Il ne vous demande pas l'impossible. L'impossible, il le donne...

Aujourd'hui, vous pourriez entendre ceci au fond de votre cœur :

- Faut-il que je demeure avec Jésus ?
- Est-ce que moi aussi je suis aveugle ?
- Que dis-je de Jésus ? Quel nom est-ce que je lui donne ?
- Quel chemin dois-je prendre ?
- Quel appel m'est adressé ?

Proclamez une nouvelle fois ces deux passages d'évangile.
Prenez maintenant quelques minutes de silence.

Troisième temps : la réflexion et la discussion

Vous prendrez une demi-heure environ pour ce temps. Comme pour le temps précédent, il faut savoir s'arrêter. Vous avez toute la vie pour approfondir le mystère du mariage !

Chaque semaine, vous approfondirez un aspect du mariage chrétien.

Vous lirez d'abord « Ce que nous dit la foi chrétienne ».
Il ne s'agit pas d'adhérer à une série de principes auxquels vous croiriez aveuglément, sans discernement. Il s'agit d'entendre et de comprendre ce qu'enseigne l'Église au nom de Jésus Christ, pour y adhérer librement et le mettre en pratique. Cela ne se fait pas en un jour, ni une fois pour toutes. C'est le chemin de toute une vie.

Lisez maintenant le haut de la page 7.

Conseils

- Choisissez une, deux, maximum trois de ces affirmations : celles qui résonnent dans votre cœur, celles qui vous éclairent, ou qui vous « choquent ».
- Prenez le temps de comprendre ce qu'il y a derrière ces affirmations, le temps de tirer les conséquences de ce que vous en dites.
- Inscrivez, sur votre *Carnet de notes*, vos découvertes, les questions à approfondir, ce qui vous a choqués, vos débats résolus ou non.

Dans votre *Carnet de notes*, vous trouverez des **questions personnelles** qui vous aideront à faire le point en vérité ; vous pourrez éventuellement vous partager vos réponses. Bien entendu, il n'y a aucune « obligation » à répondre à toutes les questions.

Conseils

- C'est à vous de décider de répondre aux questions ensemble, ou chacun dans le secret de son cœur. Arrêtez-vous sur les questions qui vous interrogent ou vous touchent.
- Essayez toujours de répondre à la question récurrente « Pour quoi nous marier à l'église ? », en vous situant dans le thème de votre « heure pour nous ».

Quatrième temps : la prière

Vous conclurez chaque *heure pour nous* par une prière. Nous vous en proposons une pour chacune de vos rencontres, mais vous pouvez aussi choisir un autre texte, un autre support. Ce qui compte, c'est que vous terminiez votre *heure pour nous* par un élan du cœur vers Dieu. Vous rassemblerez tout ce que vous venez de vivre, vous l'offrirez à Dieu, vous lui direz votre reconnaissance et, si possible, votre amour.
Aujourd'hui, pour conclure cette première *heure pour nous*, nous vous proposons une prière. Priez-la lentement, tous les deux, à mi-voix et à l'unisson. Goûtez-en tous les mots pour les graver dans votre cœur.

Si vous êtes baptisé(e), et si vous le désirez, nous vous proposons de terminer cette heure, comme vous l'avez commencée, par le signe de la croix : « Au nom du Père, et du Fils, et du Saint-Esprit. »

Priez ensemble avec la prière en bas de la page 7.

Jésus nous invite à ne pas rabâcher. Rabâcher, c'est demander à Dieu les biens que je veux qu'il me donne. La prière chrétienne consiste à demander à Dieu les biens qu'il veut me donner.
Les biens qu'il veut me donner sont les biens qu'il a promis et qu'il faut accueillir. Et comment connaître les biens qu'il promet ? En étant familier de l'Écriture et, en particulier, de l'Évangile.
Voilà pourquoi votre prière peut commencer par deux « Tu veux que… » Ensuite, vous demanderez à Dieu de mettre en œuvre ses promesses : « Bénis, protège… » Puis vous prendrez la décision de collaborer aux dons de Dieu pour qu'ils fructifient : « Que nous prenions une part active… »

Il faut aussi penser aux choses matérielles !

Rien ne presse *a priori*, mais mieux vaut faire les choses à temps ! Pour constituer votre dossier de mariage, vous aurez à fournir des renseignements et les pièces indiquées ci-dessous.

Le plus urgent

Date et lieu de baptême du fiancé. Date et lieu de baptême de la fiancée.

En préparant les pièces pour le mariage civil

Notez bien qu'il faut plusieurs semaines pour préparer un mariage civil. Peut-être passerez-vous un examen médical prénuptial ? Peut-être rencontrerez-vous un notaire pour un contrat de mariage ?

Pour votre mariage civil, vous devrez fournir des extraits de naissance récents. Demandez-en plusieurs, car ils sont aussi nécessaires pour constituer le dossier canonique de mariage à l'église.

Vous devez indiquer le jour et le lieu (mairie) de votre mariage civil et fournir un extrait de l'acte de mariage. Si votre mariage civil est célébré le jour de votre mariage religieux, vous apporterez l'extrait au curé de la paroisse où votre mariage religieux est célébré.

Un contact à prendre dès le début de votre préparation

Vous avez très probablement déjà rencontré le curé de la paroisse où vous désirez célébrer votre mariage. Sinon, il faut le faire tout de suite. C'est avec lui que vous déciderez de la date et de l'heure de la célébration, c'est à lui que vous direz quel prêtre ou quel diacre vous souhaitez. Vous lui préciserez où vous faites votre préparation au mariage et qui constitue le dossier. Voyez tout cela avec votre accompagnateur.

Transmettez à votre accompagnateur le nom, l'adresse et les coordonnées téléphoniques du curé de la paroisse de votre mariage, ainsi que le nom, la commune et le code postal de la paroisse.

Plus tard, vous aurez à fournir

Vos déclarations d'intention. Les noms de vos témoins de mariage religieux.

Première étape

Le dessein d'amour de Dieu et le consentement des fiancés

Première étape

Au cours de cette première étape, vous découvrirez, ou redécouvrirez des vérités importantes. Peut-être même est-il essentiel, lorsque l'on veut s'engager dans le mariage, de les approfondir humblement.

Nous sommes des créatures.
Je n'ai pas demandé à vivre, je n'ai pas décidé d'être de sexe masculin ou féminin, je n'ai pas choisi mes talents…
Je n'ai même pas décidé de mon attirance sexuelle pour toi.
Tout ce que je fais est une libre réponse à tout ce qui m'a été donné.
Et c'est magnifique !

La communion homme-femme nous « dépasse ».
Ce ne sont pas les hommes qui ont « inventé » l'universelle attraction homme-femme, qui vous pousse à engager toute votre vie dans le mariage.
Vous n'avez pas créé le conjoint idéal que vous aimeriez épouser.
Votre mariage est une libre réponse à un appel.
C'est magnifique !

Pourquoi Dieu a-t-il voulu la communion homme-femme ?
Sommes-nous des marionnettes entre les mains d'un créateur ?
Pour quoi engager toute notre vie dans le mariage ?

Ces découvertes de la première étape, c'est votre chemin. Avant de partir, renouvelez cet engagement que vous avez pris de vivre fidèlement ce rendez-vous, chaque semaine, dans le secret de votre amour…
Notez tout de suite sur vos agendas, les dates et heures de ces précieux moments que vous allez vous donner l'un à l'autre.

Bonne route…

Dieu est l'auteur de l'Alliance

-1-

À SON IMAGE IL NOUS CRÉA

-2-

HOMME ET FEMME IL NOUS CRÉA

Dieu veut étendre à l'homme la participation à la vie divine elle-même.

Lettre aux familles (Saint Jean-Paul II)

1 - À son image il nous créa

Au commencement, Dieu dit : « Faisons l'homme à notre image, selon notre ressemblance. Qu'il soit le maître des poissons de la mer, des oiseaux du ciel, des bestiaux, de toutes les bêtes sauvages, et de toutes les bestioles qui vont et viennent sur la terre. » Dieu créa l'homme à son image, à l'image de Dieu il le créa, il les créa homme et femme. Dieu les bénit et leur dit : « Soyez féconds et multipliez-vous, remplissez la terre et soumettez-la. Soyez les maîtres des poissons de la mer, des oiseaux du ciel, et de tous les animaux qui vont et viennent sur la terre. » [...] Et Dieu vit tout ce qu'il avait fait ; et voici : cela était très bon.

Genèse 1, 26-28.31a

Ces versets viennent en conclusion du magnifique récit de la Création. Ils en sont comme le sommet, le point culminant, le lieu d'où l'on peut contempler toute l'œuvre du Créateur.

Mais l'humanité – homme et femme – n'est pas le chef-d'œuvre de la Création comme on pourrait le dire de l'œuvre majeure d'un artiste, un peu plus accomplie, un peu plus parfaite que les autres. Non, l'homme est au sommet de la Création parce qu'il a une destinée unique, celle d'être à la ressemblance de Dieu. Et cela est proprement vertigineux !

Nous savons bien, et l'auteur biblique avant nous, que le monde ne s'est pas fait en sept jours. Ce que ce récit nous donne de comprendre, ce n'est pas comment Dieu a fait le monde mais pour quoi il l'a créé. Le monde est donné à l'homme et l'homme au monde. L'humanité homme-femme est l'image de Dieu, partenaire de Dieu.
Comme toute créature nous avons à nous recevoir de notre Créateur, à nous laisser façonner par lui afin que nos traits soient de plus en plus conformes à son image. Et pour cela, il nous faut le laisser habiter en nous jour après jour.

Ce que nous dit la foi chrétienne

Dieu est le Créateur de toute chose.

- Dieu nous a créés par amour.
- Tout nous a été donné : la vie, les talents, le fait d'être homme ou femme, et même notre attirance mutuelle.

« ***Faisons l'homme à notre image.*** » « ***Il les créa homme et femme.*** »

- L'amour conjugal est aussi une création de Dieu.
- Dieu se révèle tel qu'il est quand un homme et une femme s'aiment en vérité.

Dieu associe l'homme et la femme à son œuvre.

- Le couple achève, par son travail, la création qui lui est confiée.
- Dieu, l'auteur de la vie, confie au couple humain le don de la vie.

Des questions personnelles

Reportez-vous à votre *Carnet de notes*, page 4.

Notre prière

Pour louer Dieu qui nous a tout donné.

R/ Alléluia, louez le Seigneur, alléluia, alléluia !

Louez le Seigneur du haut des cieux,
louez-le dans les hauteurs.
Vous, tous ses anges, louez-le,
louez-le, tous les univers.

Louez-le, soleil et lune,
louez-le, tous les astres de lumière ;
vous, cieux des cieux, louez-le,
et les eaux des hauteurs des cieux.

Les rois de la terre et tous les peuples,
les princes et tous les juges de la terre ;
tous les jeunes gens et jeunes filles,
les vieillards comme les enfants.

Qu'ils louent le nom du Seigneur,
le seul au-dessus de tout nom ;
sur le ciel et sur la terre, sa splendeur :
il accroît la vigueur de son peuple.

Psaume 148, 1-4. 11-14

2 - Homme et femme il nous créa

Au commencement, le Seigneur Dieu dit : « Il n'est pas bon que l'homme soit seul. Je vais lui faire une aide qui lui correspondra. » Avec de la terre, le Seigneur Dieu modela toutes les bêtes des champs et tous les oiseaux du ciel, et il les amena vers l'homme pour voir quels noms il leur donnerait. C'étaient des êtres vivants, et l'homme donna un nom à chacun. L'homme donna donc leurs noms à tous les animaux, aux oiseaux du ciel et à toutes les bêtes des champs. Mais il ne trouva aucune aide qui lui corresponde. Alors le Seigneur Dieu fit tomber sur lui un sommeil mystérieux, et l'homme s'endormit. Le Seigneur Dieu prit une de ses côtes, puis il referma la chair à sa place. Avec la côte qu'il avait prise à l'homme, il façonna une femme et il l'amena vers l'homme. L'homme dit alors : « Cette fois-ci, voilà l'os de mes os et la chair de ma chair ! On l'appellera femme – Ishsha –, elle qui fut tirée de l'homme – Ish. » À cause de cela, l'homme quittera son père et sa mère, il s'attachera à sa femme, et tous deux ne feront plus qu'un.

Genèse 2, 18-24

Vous méditez, aujourd'hui, le deuxième récit de la Création – un texte tout à fait différent de celui que vous avez lu la dernière fois. Même s'il est acquis que l'auteur ne nous « décrit » pas des faits, pourquoi une telle divergence entre les deux chapitres ?

Un mystère, c'est un secret que Dieu révèle. Et comme nos mots humains sont incapables de l'expliquer de façon univoque, il faut le dire plusieurs fois, différemment. Alors que le premier récit insistait sur l'égale dignité de l'homme et de la femme, créés à l'image de Dieu, ce deuxième récit conduit à se poser la question de l'altérité. Homme et femme, si semblables, sont pourtant si différents. Pourquoi Dieu a-t-il voulu cela ?

Quant au mot « aide » employé pour parler de celle qui dort aux côtés de l'homme, il ne faut y voir aucun caractère de subordination. Dans la Bible, seul Dieu est une « aide » pour l'homme, et spécialement quand il est en danger. Appeler la femme ainsi indique sa mission spécifique et l'immense estime que l'homme doit lui manifester.

Ce que nous dit la foi chrétienne

« Homme et femme il les créa. »

- L'altérité sexuelle est un grand bien voulu par Dieu.
- L'altérité sexuelle permet la communion des personnes et la fécondité.

« Ils ne feront plus qu'un. »

- Ce « un » en « deux » est une création nouvelle que réalise le mariage.
- La grâce du mariage est cette capacité à ne faire qu'un en deux.

Dieu, qui est unique, est Père, Fils et Saint-Esprit.

- La communion conjugale permet de connaître Dieu.
- L'amour conjugal est participation à la vie de Dieu.

Des questions personnelles

Reportez-vous à votre *Carnet de notes*, page 5.

Notre prière

Pour rendre grâce.

Père très saint, Dieu éternel et tout-puissant,
nous voulons, aujourd'hui et ici,
te remercier pour tous tes dons.

Car tu as voulu que, créés par ta bonté,
nous atteignions une telle grandeur que notre
affection soit une image de ton amour.
Et nous, que tu as ainsi créés
parce que tu nous aimes,
tu nous appelles sans cesse
à aimer comme toi
pour nous donner part à ton amour éternel.

Seigneur, nous te rendons grâce,
car notre mariage,
qui nous révèlera ton amour,
consacrera aussi notre amour,
par le Christ notre Seigneur.

Par lui, avec les anges et tous les saints,
nous chantons l'hymne de ta gloire
et sans fin nous proclamons que tu es saint !

D'après la Préface III
du *Rituel du mariage*

Ce que Dieu veut pour notre alliance

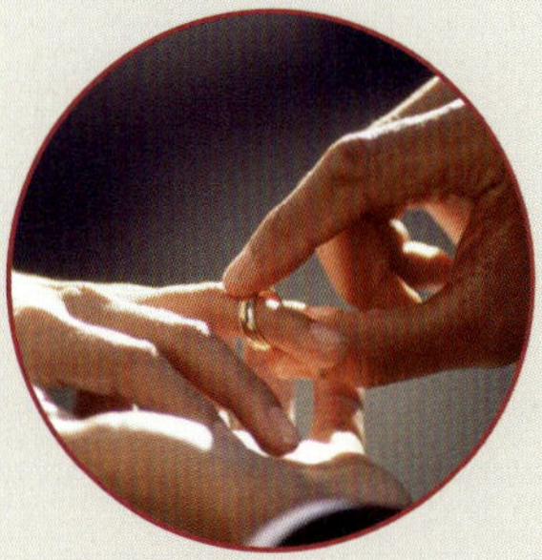

-3-
MON ENGAGEMENT EST POUR TOUTE LA VIE

-4-
NOUS VOULONS DES ENFANTS

Le mariage consiste en une alliance par laquelle un homme et une femme constituent entre eux une communauté de toute la vie, ordonnée par son caractère naturel au bien des conjoints ainsi qu'à la génération et à l'éducation des enfants.

Lettre aux familles (Saint Jean-Paul II)

3 - Mon engagement est pour toute la vie

Des pharisiens s'approchèrent de Jésus pour le mettre à l'épreuve ; ils lui demandèrent : « Est-il permis à un homme de renvoyer sa femme pour n'importe quel motif ? » Il répondit : « N'avez-vous pas lu ceci ? Dès le commencement, le Créateur les fit homme et femme, et dit : À cause de cela, l'homme quittera son père et sa mère, il s'attachera à sa femme, et tous deux deviendront une seule chair. Ainsi, ils ne sont plus deux, mais une seule chair. Donc, ce que Dieu a uni, que l'homme ne le sépare pas ! » Les pharisiens lui répliquent : « Pourquoi donc Moïse a-t-il prescrit la remise d'un acte de divorce avant la répudiation ? » Jésus leur répond : « C'est en raison de la dureté de votre cœur que Moïse vous a permis de renvoyer vos femmes. Mais au commencement, il n'en était pas ainsi. Or je vous le dis : si quelqu'un renvoie sa femme – sauf en cas d'union illégitime – et qu'il en épouse une autre, il est adultère. »

Matthieu 19, 3-9

Mettre à l'épreuve une personne ne signifie pas, *a priori*, vouloir la « piéger » mais lui demander de faire la vérité sur un sujet délicat. Si Jésus dit que l'on peut répudier sa femme, il contredit le passage de l'Écriture qu'il cite ici : « Ils ne sont plus qu'un. » Mais s'il affirme qu'il est impossible de le faire, il contredit la prescription de Moïse.

Jésus rappelle à ses interlocuteurs la seule question fondamentale : qu'est-ce que Dieu a décidé « au commencement », c'est-à-dire de toute éternité ? Il a voulu entre l'homme et la femme une union irrévocable.

Dire le contraire relève de l'endurcissement du cœur. Ce serait s'aveugler que de penser que l'acte de répudiation prescrit par Moïse fait d'un mal – celui de la séparation – un bien.

Quand Moïse prescrit de le faire, c'est une concession à une situation de fait : il s'agit de protéger les femmes contre la dureté des hommes. Il en va de même, aujourd'hui, du divorce à l'amiable. Bien sûr, il ne sert à rien d'ajouter encore des souffrances, mais ce n'est pas parce qu'on divorce « proprement » que cela devient un bien. L'horizon de votre engagement, c'est, clairement, la vie entière.

Ce que nous dit la foi chrétienne

C'est Dieu qui unit l'homme et la femme.

- L'indissolubilité est un don de Dieu.
- Dieu ne reprend jamais ce qu'il donne.
- En s'appuyant sur ce don de Dieu, on peut s'engager pour la vie.

Jésus nous dit fermement de ne pas séparer ce que Dieu a uni.

- Personne, pas même l'Église, n'a le pouvoir d'annuler un acte de Dieu.
- Le divorce est un grand malheur pour le couple et pour les enfants.

L'homme doit quitter son père et sa mère.

- Le lien conjugal est plus important que le lien filial.
- L'accueil du don de Dieu, c'est le don total et mutuel des époux.

Des questions personnelles

Reportez-vous à votre *Carnet de notes,* page 6.

Notre prière

Pour bénir Dieu qui nous unit.

R/ Qui cherche Dieu ne manque d'aucun bien.

Je bénirai le Seigneur en tout temps,
sa louange sans cesse à mes lèvres.
Je me glorifierai dans le Seigneur :
que les pauvres m'entendent et soient en fête !

Magnifiez avec moi le Seigneur,
exaltons tous ensemble son nom.
Je cherche le Seigneur, il me répond :
de toutes mes frayeurs, il me délivre.

Qui regarde vers lui resplendira,
sans ombre ni trouble au visage.
Un pauvre crie ; le Seigneur entend :
il le sauve de toutes ses angoisses.

L'ange du Seigneur campe alentour
pour libérer ceux qui le craignent.
Goûtez et voyez : le Seigneur est bon !
Heureux qui trouve en lui son refuge !

Psaume 33, 2-9

4 - Nous voulons des enfants

L'ange Gabriel fut envoyé par Dieu dans une ville de Galilée, appelée Nazareth, à une jeune fille vierge, accordée en mariage à un homme de la maison de David, appelé Joseph ; et le nom de la jeune fille était Marie. L'ange entra chez elle et dit : « Je te salue, Comblée-de-grâce, le Seigneur est avec toi. » À cette parole elle fut toute bouleversée, et elle se demandait ce que pouvait signifier cette salutation. L'ange lui dit alors : « Sois sans crainte, Marie, car tu as trouvé grâce auprès de Dieu. Voici que tu vas concevoir et enfanter un fils ; tu lui donneras le nom de Jésus. (…)
Marie dit à l'ange : « Comment cela va-t-il se faire puisque je ne connais pas d'homme ? » L'ange lui répondit : « L'Esprit Saint viendra sur toi, et la puissance du Très-Haut te prendra sous son ombre ; c'est pourquoi celui qui va naître sera saint, il sera appelé Fils de Dieu. Or voici que, dans sa vieillesse, Élisabeth, ta parente, a conçu, elle aussi, un fils et en est à son sixième mois, alors qu'on l'appelait la femme stérile. Car rien n'est impossible à Dieu. » Marie dit alors : « Voici la servante du Seigneur ; que tout m'advienne selon ta parole. » Alors l'ange la quitta.

Luc 1, 26-31.34-38

La prière de Marie est exaucée – « Tu as trouvé grâce auprès de Dieu » – Quelle était sa prière ? L'évangile ne nous le dit pas. On peut penser qu'elle méditait le livre d'Isaïe : « C'est pourquoi le Seigneur lui-même vous donnera un signe : voici que la Vierge est enceinte, elle enfantera un fils, qu'elle appellera Emmanuel (c'est-à-dire : Dieu-avec-nous). » (Is 7, 14)
Bien qu'elle n'ait pas eu de relations sexuelles avec Joseph, elle est son épouse. Et c'est en tant que telle qu'elle pose cette question à l'ange : « Comment… » Elle ne met pas en doute sa parole, elle se demande comment la mettre en œuvre.
Et elle donne librement son plein accord à ce plan d'amour divin : « Que tout m'advienne… »
Jésus s'est fait homme : il a été conçu dans le ventre d'une femme qui l'a mis au monde. Quand Marie rendra visite à Élisabeth, Jean, dans le sein de sa mère, tressaillira de joie.
Vouloir transmettre la vie, c'est coopérer librement au dessein d'amour de Dieu.

Ce que nous dit la foi chrétienne

L'enfant est un fruit de l'amour de son père et de sa mère.

- Marie aime Joseph, qui est son époux.
- Joseph est toujours désigné comme le père de Jésus.

L'enfant est une créature de Dieu, un don de Dieu.

- L'embryon est une personne humaine créée par Dieu, donnée par Dieu.
- Les parents sont les libres coopérateurs du don créateur de Dieu.

L'enfant est une bénédiction de la communion conjugale.

- Le don des époux « contient » le don de la vie.
- Le don de la vie « suppose » le don des époux.

Des questions personnelles

Reportez-vous à votre *Carnet de notes*, page 7.

Notre prière

Pour accueillir la grâce que Dieu veut nous donner.

Père très saint,
Dieu éternel et tout-puissant,
il est bon de te louer ici et aujourd'hui,
par le Christ, notre Seigneur.

Car tu veux que l'alliance que nous allons
bientôt conclure soit un lien
irrévocable d'amour et de paix,
et que les enfants que nous espérons
augmentent le nombre de tes fils.
C'est ton dessein de salut, Seigneur,
c'est la grâce admirable du mariage
qui enrichit à la fois l'humanité
et l'Église.
Car toute naissance ajoute
à la beauté du monde et le baptême,
la nouvelle naissance, fait grandir
ton peuple saint, l'Église de ton Fils.

Par lui, dès maintenant, nous voulons
te dire notre reconnaissance.
Amen !

D'après la Préface I
du *Rituel du mariage*

Nous voulons ce que Dieu veut

– 5 –

JE VEUX

– 6 –

JE TE REÇOIS

– 7 –

JE ME DONNE À TOI

Les paroles du consentement indiquent ce qui doit être le bien commun de la future famille.

Lettre aux familles (Saint Jean-Paul II)

5 - Je veux

Le fiancé : « N., veux-tu être ma femme ? »
La fiancée : « Oui, je veux être ta femme.
Et toi, N., veux-tu être mon mari ? »
Le fiancé : « Oui, je veux être ton mari. »

Quelqu'un s'approcha de Jésus et lui dit : « Maître, que dois-je faire de bon pour avoir la vie éternelle ? » Jésus lui dit : « Pourquoi m'interroges-tu sur ce qui est bon ? Celui qui est bon, c'est Dieu, et lui seul ! Si tu veux entrer dans la vie, observe les commandements. » Il lui dit : « Lesquels ? » Jésus reprit : « Tu ne commettras pas de meurtre. Tu ne commettras pas d'adultère. Tu ne commettras pas de vol. Tu ne porteras pas de faux témoignage. Honore ton père et ta mère. Et aussi : Tu aimeras ton prochain comme toi-même. » Le jeune homme lui dit : « Tout cela, je l'ai observé : que me manque-t-il encore ? » Jésus lui répondit : « Si tu veux être parfait, va, vends ce que tu possèdes, donne-le aux pauvres, et tu auras un trésor dans les cieux. Puis viens, suis-moi. » À ces mots, le jeune homme s'en alla tout triste, car il avait de grands biens.

Matthieu 19, 16-22

« Que dois-je faire de bon ? » Question essentielle, présente dans le cœur de cet homme comme dans celui de tout chrétien vrai et fidèle. Réponse : « Il n'y a qu'un seul être qui soit bon ! »... c'est-à-dire Dieu. Mais tout homme peut – s'il le veut – entrer dans la bonté de Dieu, c'est-à-dire dans la sainteté. En lui disant : « Si tu veux être parfait... », Jésus ouvre un nouvel horizon au désir de l'homme : celui de la perfection. Cette perfection n'a pas d'autre nom que Jésus-Christ et elle n'est possible qu'à la condition de prendre une décision radicale pour répondre à son appel : « Viens et suis-moi. » Encore faut-il le vouloir...

Cet homme cherche ce qui lui manque. Vous aussi, peut-être avez-vous le désir d'un amour tendu vers l'infini... Que vous manque-t-il encore pour vous aimer parfaitement ?
Ce passage de l'Évangile se situe à un moment où le conflit avec les pharisiens se durcit et où Jésus va se mettre en route vers Jérusalem pour y subir sa Passion. Jésus ne transige pas avec l'exigence évangélique. Ce récit se termine apparemment par un échec. Dieu propose : « Veux-tu ? » L'homme décide.

Ce que nous dit la foi chrétienne

L'homme « veut » : il est responsable de ses actes.

- Pour se marier il faut que les fiancés soient totalement libres.
- Désirer n'est pas encore vouloir, avoir envie n'est qu'un vague sentiment

« Si tu veux être parfait... »

- L'homme est capable de vouloir ce que Dieu veut.
- Vouloir notre mariage nécessite de renoncer à d'autres biens.

« Le jeune homme s'en alla tout triste. »

- Notre volonté se dérobe parfois à la volonté de Dieu.
- Se marier à l'église suppose de vouloir prendre les moyens d'aimer en vérité.

Des questions personnelles

Reportez-vous à votre *Carnet de notes*, page 8.

Notre prière

Pour que le Père réalise son plan d'amour pour nous.

Notre Père, qui es aux cieux,
que ton nom soit sanctifié,
que ton règne vienne,
que ta volonté soit faite
sur la terre comme au ciel.
Donne-nous aujourd'hui
notre pain de ce jour,
pardonne-nous nos offenses
comme nous pardonnons aussi
à ceux qui nous ont offensés,
et ne nous laisse pas entrer en tentation
mais délivre-nous du Mal.

6 - Je te reçois

La fiancée : « Je te reçois comme époux… »
Le fiancé : « Je te reçois comme épouse… »

Or, voici comment fut engendré Jésus-Christ : Marie, sa mère, avait été accordée en mariage à Joseph ; avant qu'ils aient habité ensemble, elle fut enceinte par l'action de l'Esprit Saint. Joseph, son époux, qui était un homme juste, et ne voulait pas la dénoncer publiquement, décida de la renvoyer en secret. Comme il avait formé ce projet, voici que l'ange du Seigneur lui apparut en songe et lui dit : « Joseph, fils de David, ne crains pas de prendre chez toi Marie, ton épouse, puisque l'enfant qui est engendré en elle vient de l'Esprit Saint ; elle enfantera un fils, et tu lui donneras le nom de Jésus (c'est-à-dire : Le-Seigneur-sauve), car c'est lui qui sauvera son peuple de ses péchés. » […] Quand Joseph se réveilla, il fit ce que l'ange du Seigneur lui avait prescrit : il prit chez lui son épouse, mais il ne s'unit pas à elle, jusqu'à ce qu'elle enfante un fils, auquel il donna le nom de Jésus.

Matthieu 1, 18-21.24-25

Joseph et Marie sont mariés, mais ils n'ont pas encore vécu ensemble. Joseph sait qu'il devra faire face à un scandale : Marie est enceinte, et il n'est pas le père. D'après la loi de Moïse, il doit la répudier, avec, à la clé, un risque de lapidation de la fautive. Mais Joseph qui est un homme « juste », c'est-à-dire tourné vers la volonté de Dieu, veut agir pour sauver son épouse et non pour la perdre. C'est parce qu'il se trouve dans cette disposition du cœur que Dieu peut lui révéler l'inimaginable. Il peut accueillir Marie comme sa véritable épouse, car la vie qui est en elle vient de l'Esprit Saint.

On peut rapprocher ce récit du chapitre de la Genèse que nous avons déjà lu (voir p. 20). Les similitudes sont remarquables : le sommeil de Joseph fait penser à celui d'Adam, Marie est confiée à Joseph comme Ève le fut à Adam – et on peut penser que la joie de Joseph à son éveil est aussi grande que celle d'Adam découvrant la compagne que Dieu lui avait donnée…
Tout se passe comme si ce récit était une Création nouvelle.

Ce que nous dit la foi chrétienne

C'est le mariage qui est le point de départ de la vie commune.

- Dieu donne la femme à l'homme et l'homme à la femme, parce qu'ils le demandent.
- Il est difficile de dire en vérité « Je te reçois » si l'on vit déjà ensemble.

Dieu a voulu le mariage pour le bien de chacun des époux.

- On ne peut devenir pleinement soi-même que si l'on est aimé.
- On reçoit l'autre pour l'aimer d'un amour transformant.

Au jour de leur mariage, les époux ne savent rien de l'avenir.

- Se marier, c'est s'engager à aimer l'autre quoi qu'il arrive.
- Recevoir l'autre, c'est aussi accueillir son passé, ses faiblesses.

Des questions personnelles

Reportez-vous à votre *Carnet de notes*, page 9.

Notre prière

Pour demander à Dieu la grâce de nous aimer jusqu'à la fin.

Dieu notre Père, nous voulons unir
notre louange à celle de tous ceux qui sont
vivants auprès de toi.
Car tu nous as faits à ton image,
et tu as mis en notre cœur un amour
qui nous attache déjà l'un à l'autre
et par lequel nous ne ferons plus qu'un.
À travers les peines et les joies de notre vie,
au long des fatigues
et des merveilles quotidiennes,
tu nous diras que tu es proche.
Par la communion de notre amour
et de toute notre vie, tu feras grandir
en nous ta propre vie, jusqu'au jour
où tu combleras enfin tout notre espoir,
en Jésus-Christ, ton Fils bien-aimé.
C'est pourquoi, Dieu notre Père,
nous voulons aujourd'hui
te dire notre amour et te glorifier.
Amen.

D'après la Préface IV
du *Rituel du mariage*

7 - Je me donne à toi

Le fiancé : « ... et je me donne à toi. »
La fiancée : « ... et je me donne à toi. »

À l'heure où Jésus passait de ce monde à son Père, il disait à ses disciples : « Comme le Père m'a aimé, moi aussi je vous ai aimés. Demeurez dans mon amour. Si vous gardez mes commandements, vous demeurerez dans mon amour, comme moi, j'ai gardé les commandements de mon Père, et je demeure dans son amour. Je vous ai dit cela pour que ma joie soit en vous, et que votre joie soit parfaite. Mon commandement, le voici : Aimez-vous les uns les autres comme je vous ai aimés. Il n'y a pas de plus grand amour que de donner sa vie pour ceux qu'on aime. Vous êtes mes amis si vous faites ce que je vous commande. Je ne vous appelle plus serviteurs, car le serviteur ne sait pas ce que fait son maître ; je vous appelle mes amis, car tout ce que j'ai entendu de mon Père, je vous l'ai fait connaître. Ce n'est pas vous qui m'avez choisi, c'est moi qui vous ai choisis et établis, afin que vous alliez, que vous portiez du fruit, et que votre fruit demeure. Alors, tout ce que vous demanderez au Père en mon nom, il vous le donnera. »

Jean 15, 9-16

Les dernières paroles d'un homme qui se sait sur le point de mourir prennent toujours une gravité singulière. Jésus prononce les mots que nous venons de lire quelques heures avant sa mort. Il vient de prendre son dernier repas avec ses disciples et il leur livre son testament spirituel, un testament qui est en fait un commandement. Mais peut-on commander d'aimer ? Non, si l'amour est vécu comme une contrainte, oui, s'il est vécu dans le don !

Or de quoi s'agit-il ici ? D'aimer comme Jésus qui, lui, nous aime librement, dans un don total de lui-même, jusqu'au don de sa vie. C'est sa vie qu'il nous offre à chaque eucharistie.

Il est également important de noter que Jésus, en ces heures qui précèdent sa souffrance et sa mort, se préoccupe de la joie de ses disciples. Une joie fondée sur l'amour et sur la communion.

Ce que nous dit la foi chrétienne

« Je vous dis cela pour que ma joie soit en vous. »

- La seule vraie joie, pour la personne humaine, c'est de se donner.
- Le repliement sur soi conduit toujours à la tristesse.

« Aimez-vous comme je vous ai aimés. »

- Si aimer c'est se donner, personne n'est en mesure d'aimer en vérité de lui-même.
- En se donnant à l'homme, Jésus lui donne d'aimer comme il aime.

Quelques idées incompatibles avec un amour vrai :

- Le mariage est fait de concessions.
- « Ta liberté s'arrête là où commence la mienne. »
- Il faut être autonome pour être libre.

Des questions personnelles

Reportez-vous à votre *Carnet de notes*, page 10.

Notre prière

Pour demander l'Esprit Saint.

Père très saint, c'est toi qui nous
donneras l'un à l'autre, par ton Fils,
Jésus-Christ. Envoie ton Esprit Saint
et comble-nous de tes bénédictions.
Que nous trouvions notre bonheur
en nous donnant l'un à l'autre.
Que nos enfants embellissent notre foyer,
et que l'Église en soit agrandie.
Quand nous serons dans la joie,
que nous sachions te remercier.
Dans la tristesse, que nous sachions
nous tourner vers toi.
Quand nous serons dans l'épreuve,
reste à nos côtés.
Que ta présence nous aide
dans notre travail.
Donne-nous de participer à la prière
de l'Église et de témoigner de toi
parmi les hommes.
Amen !

D'après la Bénédiction nuptiale n° 3

Faire le point

Vous êtes arrivés à la fin de la première étape de votre parcours de préparation au mariage.

C'est le moment de vous poser un peu pour rappeler ce que vous avez entendu ; ce que vous avez découvert, ou redécouvert ; ce qui vous a bouleversés.
Peut-être avec l'aide de votre *Carnet de notes* ?

Au cours de cette première étape, vous avez entendu des belles choses :
- Dieu vous a créés, chacun, par amour.
- L'altérité sexuelle est une merveille puisqu'elle vous appelle au don mutuel, en le permettant. Don mutuel total, irréversible, ouvert à la vie.
- Dieu a un projet d'amour pour vous deux, que vous comprenez, que vous aimez et que vous voulez mettre en œuvre de façon particulière.
- Le mariage dans l'Église est à la fois une promesse de Dieu – il vous donnera de devenir une seule chair – et votre consentement libre, actif et engagé dans ce projet de Dieu. Il s'agit de votre consentement à chacun.

C'est donc aussi le moment de rencontrer vos accompagnateurs pour leur poser des questions, afin qu'ils vous aident à mieux intégrer tout ce que vous avez vécu, peut-être aussi à discerner ce que cela vous appelle à vivre.

Alors, nous sommes prêts à continuer, ensemble, votre chemin…

Textes complémentaires

Parmi les textes de la parole de Dieu que vous pourrez choisir pour la célébration de votre mariage, voici deux passages qui ont quelque chose à voir avec ce que vous avez médité au cours de vos deux dernières « Une heure pour nous ». Peut-être reprendrez-vous l'un d'entre eux avec votre accompagnateur que vous allez voir très bientôt.

Jésus confirme l'indissolubilité du mariage

Partant de là, Jésus arrive dans le territoire de la Judée, au-delà du Jourdain. De nouveau, des foules s'assemblent près de lui, et de nouveau, comme d'habitude, il les enseignait. Des pharisiens l'abordèrent et, pour le mettre à l'épreuve, ils lui demandaient : « Est-il permis à un mari de renvoyer sa femme ? » Jésus leur répondit : « Que vous a prescrit Moïse ? » Ils lui dirent : « Moïse a permis de renvoyer sa femme à condition d'établir un acte de répudiation. » Jésus répliqua : « C'est en raison de la dureté de vos cœurs qu'il a formulé pour vous cette règle. Mais, au commencement de la création, Dieu les fit homme et femme. À cause de cela, l'homme quittera son père et sa mère, il s'attachera à sa femme, et tous deux deviendront une seule chair. Ainsi, ils ne sont plus deux, mais une seule chair. Donc, ce que Dieu a uni, que l'homme ne le sépare pas ! »

Marc 10, 1-9

L'amour est fort comme la mort

La voix de mon bien-aimé ! C'est lui, il vient… Il bondit sur les montagnes, il court sur les collines, mon bien-aimé, pareil à la gazelle, au faon de la biche. Le voici, c'est lui qui se tient derrière notre mur : il regarde aux fenêtres, guette par le treillage. Il parle, mon bien-aimé, il me dit : Lève-toi, mon amie, ma toute belle, et viens… […] Ma colombe, dans les fentes du rocher, dans les retraites escarpées, que je voie ton visage, que j'entende ta voix ! Ta voix est douce, et ton visage, charmant. […] Mon bien-aimé est à moi, et moi, je suis à lui. […] Il m'a dit : Pose-moi comme un sceau sur ton cœur, comme un sceau sur ton bras.
Car l'amour est fort comme la Mort, la passion, implacable comme l'Abîme : ses flammes sont des flammes de feu, fournaise divine. Les grandes eaux ne pourront éteindre l'amour, ni les fleuves l'emporter.

Cantique des cantiques
2, 8-10.14.16 ; 8, 6-7a

Deuxième étape

Le Salut en Jésus-Christ et la promesse des fiancés

Deuxième étape

Au cours de la première étape, nous avons fixé notre regard sur le dessein bienveillant de Dieu pour l'amour humain.

C'est bien ce projet que vous voulez qu'il mette en œuvre pour vous deux, avec votre libre coopération.
Vous voulez vous marier dans l'Église et vous savez mieux pour quoi.

Mais nous avons conscience de vivre au milieu d'un peuple dont les familles sont, hélas, trop souvent marquées par la violence et les divisions.
Combien de familles sont marquées par la maladie, le handicap, la stérilité... la mort.
Et tout cela avec un lot de souffrances qui nous paraissent parfois insupportables.
Vous mêmes, peut-être, avez-vous connu cela dans votre propre famille ou chez vos amis.

Pourquoi ? À qui la faute ? Qui a péché ?
Où est Dieu ? A-t-il mal fait les choses ? Est-il vraiment un Dieu d'Amour ?

Si la foi catholique ne répond pas à ces questions, à quoi cela sert-il de vous parler d'un beau projet de Dieu ? Nous allons donc oser aborder, dans cette deuxième étape, la question du mal, sans détour, sans crainte, avec lucidité.

Pour découvrir la merveille des merveilles : la Bonne Nouvelle du salut en Jésus-Christ
Et, en plus, nous allons découvrir que le sacrement de mariage, chef d'œuvre de l'amour divin, nous permet d'entrer dans ce salut.

Alors, vous allez renouveler votre engagement à vivre fidèlement les rendez-vous hebdomadaires qui balisent votre chemin vers ce jour béni de votre mariage.

Nous avons rompu l'Alliance

-8-

LE PÉCHÉ ORIGINEL

-9-

LA PROMESSE DU SALUT

Par la concupiscence, l'homme tend à s'approprier un autre être humain, qui n'est pas à lui, mais qui appartient à Dieu.

Lettre aux familles (Saint Jean-Paul II)

8 - Le péché originel

Le serpent dit à la femme : « Alors, Dieu vous a vraiment dit : “Vous ne mangerez d’aucun arbre du jardin” ? » La femme répondit au serpent : « Nous mangeons les fruits des arbres du jardin. Mais, pour le fruit de l’arbre qui est au milieu du jardin, Dieu a dit : “Vous n’en mangerez pas, vous n’y toucherez pas, sinon vous mourrez.” » Le serpent dit à la femme : « Pas du tout ! Vous ne mourrez pas ! Mais Dieu sait que, le jour où vous en mangerez, vos yeux s’ouvriront, et vous serez comme des dieux, connaissant le bien et le mal. » […] La femme prit de son fruit, et en mangea. Elle en donna aussi à son mari, et il en mangea. Alors leurs yeux à tous deux s’ouvrirent et ils se rendirent compte qu’ils étaient nus. […]

Ils entendirent la voix du Seigneur Dieu qui se promenait dans le jardin à la brise du jour. L’homme et sa femme allèrent se cacher aux regards du Seigneur Dieu parmi les arbres du jardin. Le Seigneur Dieu appela l’homme et lui dit : « Où es-tu donc ? » Il répondit : « J’ai entendu ta voix dans le jardin, j’ai pris peur parce que je suis nu, et je me suis caché. » Le Seigneur reprit : « Qui donc t’a dit que tu étais nu ? Aurais-tu mangé de l’arbre dont je t’avais interdit de manger ? » L’homme répondit : « La femme que tu m’as donnée, c’est elle qui m’a donné du fruit de l’arbre, et j’en ai mangé. » Le Seigneur Dieu dit à la femme : « Qu’as-tu fait là ? » La femme répondit : « Le serpent m’a trompée, et j’ai mangé. » […]

Le Seigneur Dieu dit ensuite à la femme : « Je multiplierai la peine de tes grossesses ; c’est dans la peine que tu enfanteras des fils. Ton désir te portera vers ton mari, et celui-ci dominera sur toi. » Il dit enfin à l’homme : « […] C’est à la sueur de ton visage que tu gagneras ton pain, jusqu’à ce que tu retournes à la terre dont tu proviens ; car tu es poussière, et à la poussière tu retourneras. »

Genèse 3, 1-19

Ce texte n'est pas à lire selon une interprétation factuelle (un serpent ne parle pas !), mais il utilise un langage symbolique, pour démonter le « mécanisme » du péché qui, on le voit, repose essentiellement sur l'orgueil et le mensonge. Il nous montre, notamment, à quel point on peut se laisser abuser par des propos mensongers ! Il serait bon de vous reporter, dans la Bible, à l'ensemble de ce texte (Genèse 2, 4 – 3, 24).

Ce que nous dit la foi chrétienne

L'homme fait quotidiennement l'expérience de l'inclination au mal.

- Il nous arrive de faire le mal que nous ne voudrions pas.
- Les époux, aussi amoureux soient-ils, peuvent aussi se faire souffrir.

Cette expérience manifeste une première rupture d'amour avec Dieu.

- Le péché de nos premiers parents, c'est de douter de l'amour de Dieu.
- Ils ont alors voulu se construire sans Dieu, voire contre Dieu.

Le péché est contagieux.

- L'homme naît marqué par le péché.
- Le mal produit le mal dans une spirale infernale.

Des questions personnelles

Reportez-vous à votre *Carnet de notes*, page 12.

Notre prière de supplication

Que mes yeux ruissellent de larmes
nuit et jour, sans s'arrêter !
Si je sors dans la campagne,
voici les victimes de l'épée ;
si j'entre dans la ville,
voici les souffrants de la faim.
Même le prophète, même le prêtre
parcourent le pays sans comprendre.
Pourquoi nous frapper sans remède ?
Nous attendions la paix, et rien de bon !
le temps du remède, et voici l'épouvante !
Seigneur, nous connaissons notre révolte,
la faute de nos pères :
oui, nous avons péché contre toi !
À cause de ton nom, ne méprise pas,
n'humilie pas le trône de ta gloire !

Cantique de Jérémie (14, 17.18.19-21)

9 - La promesse du Salut

On dit qu'un homme est sauvé s'il devient ce pour quoi il a été créé par Dieu.

Parole du Seigneur : mon épouse infidèle, je vais la séduire, je vais l'entraîner jusqu'au désert, et je lui parlerai cœur à cœur. Et là, je lui rendrai ses vignobles, et je ferai du Val d'Akor (c'est-à-dire « de la Déroute ») la porte de l'Espérance. Là, elle me répondra comme au temps de sa jeunesse, au jour où elle est sortie du pays d'Égypte. En ce jour-là – oracle du Seigneur –, voici ce qui arrivera : Tu m'appelleras : « Mon époux » et non plus : « Mon Baal » (c'est-à-dire « mon maître »). J'éloignerai de ses lèvres les noms des Baals, on ne prononcera plus leurs noms. En ce jour-là je conclurai à leur profit une alliance avec les bêtes sauvages, avec les oiseaux du ciel et les bestioles de la terre ; l'arc, l'épée et la guerre, je les briserai pour en délivrer le pays ; et ses habitants, je les ferai reposer en sécurité. Je ferai de toi mon épouse pour toujours, je ferai de toi mon épouse dans la justice et le droit, dans la fidélité et la tendresse ; je ferai de toi mon épouse dans la loyauté, et tu connaîtras le Seigneur.

Osée 2, 16-22

Osée, prophète du royaume du Nord (Israël), a vécu au VIIIe siècle av. J.C. Il est le témoin, comme le sera plus tard Jérémie, d'une grave crise spirituelle marquée par les péchés répétés du peuple, du roi et même des autorités religieuses. Cette crise aura pour conséquences l'invasion assyrienne et donc l'introduction dans le pays du culte des faux dieux et de l'idolâtrie sous toutes ses formes.
Comme tous les prophètes, Osée dénonce vertement le mal et appelle à la conversion. Comme tous les prophètes, il délivre un message d'espérance et de salut après l'épreuve.

On pense qu'Osée a vécu, dans sa propre situation conjugale, l'infidélité d'Israël qu'il dénonce. Malgré l'adultère de son épouse, le prophète a continué de l'aimer et, dans cette douloureuse expérience, il a compris le lien d'amour qui unit Dieu à son peuple. Le Seigneur a épousé son peuple en le faisant sortir de l'esclavage, mais Israël s'est livré aux idoles du pays (les Baals) pour obtenir des richesses.
Dieu va patienter, comme le mari lésé. Il rendra son épouse fidèle. Le mariage devient alors le signe de l'Alliance, tous les prophètes le rediront, et Jésus après eux.

Ce que nous dit la foi chrétienne

*« **Mon épouse infidèle, je vais la séduire.** »*

- Tout amour humain a besoin d'être purifié par la grâce de Dieu.
- Cette grâce agit avec la libre et active coopération des époux.

*« **J'éloignerai de ses lèvres les noms des idoles.** »*

- Un monde qui se construit sans Dieu en vient à ne plus comprendre le mariage.
- L'amour idolâtre des biens terrestres peut conduire à l'adultère.

*« **Tu seras ma fiancée, et ce sera pour toujours.** »*

- L'alliance conjugale est le signe visible de l'Alliance que Dieu veut vivre avec l'humanité.
- Le mariage dans l'Église est promesse et source de Salut pour les époux.

Des questions personnelles

Reportez-vous à votre *Carnet de notes*, page 13.

Notre prière

Pour que l'Esprit Saint sanctifie notre amour.

R/ Envoie ton Esprit, Seigneur, et tout sera renouvelé !

Viens, Esprit Saint, en nos cœurs
et envoie du haut du ciel
un rayon de ta lumière.

Sans ta puissance divine,
il n'est rien en aucun homme,
rien qui ne soit perverti.

Lave ce qui est souillé,
baigne ce qui est aride,
guéris ce qui est blessé.

Assouplis ce qui est raide,
réchauffe ce qui est froid,
rends droit ce qui est faussé.

Donne mérite et vertu,
donne le salut final,
dans la joie éternelle !

Jésus nous rétablit dans l'Alliance

– 10 –
JÉSUS RECRÉE NOTRE AMOUR

– 11 –
EN VUE DES NOCES ÉTERNELLES

Ô heureuse faute qui a mérité un tel et si grand Rédempteur !

Chant de l'Exultet de Pâques

10 - Jésus recrée notre amour

Sur la croix, sachant que tout, désormais, était achevé pour que l'Écriture s'accomplisse jusqu'au bout, Jésus dit : « J'ai soif. » Il y avait là un récipient plein d'une boisson vinaigrée. On fixa donc une éponge remplie de ce vinaigre à une branche d'hysope, et on l'approcha de sa bouche. Quand il eut pris le vinaigre, Jésus dit : « Tout est accompli. » Puis, inclinant la tête, il remit l'esprit. Comme c'était le jour de la Préparation (c'est-à-dire le vendredi), il ne fallait pas laisser les corps en croix durant le sabbat, d'autant plus que ce sabbat était le grand jour de la Pâque. Aussi les Juifs demandèrent à Pilate qu'on enlève les corps après leur avoir brisé les jambes. Les soldats allèrent donc briser les jambes du premier, puis de l'autre homme crucifié avec Jésus. Quand ils arrivèrent à Jésus, voyant qu'il était déjà mort, ils ne lui brisèrent pas les jambes, mais un des soldats avec sa lance lui perça le côté ; et aussitôt, il en sortit du sang et de l'eau.

Jean 19, 28-34

Le soir venu, en ce premier jour de la semaine, alors que les portes du lieu où se trouvaient les disciples étaient verrouillées par crainte des Juifs, Jésus vint, et il était là au milieu d'eux. Il leur dit : « La paix soit avec vous ! » Après cette parole, il leur montra ses mains et son côté. Les disciples furent remplis de joie en voyant le Seigneur. Jésus leur dit de nouveau : « La paix soit avec vous ! »

Jean 20, 19-20

« Tout est accompli ». Le Père a tellement aimé le monde qu'il a donné son Fils pour arracher l'homme au pouvoir de Satan et le libérer de l'esclavage du péché. Jésus s'est fait homme ; il a pris sur lui le péché de l'humanité… pour le pardonner ; bien plus, il s'est identifié au péché pour s'unir au dernier des pécheurs et le transformer radicalement en le recréant. Jésus a soif que l'homme croie en lui, se laisse aimer par lui, parce qu'il veut le ressusciter et lui donner sa propre vie divine. Celui qui accueille Jésus naît à la vie éternelle. L'Église est le peuple de ceux qui croient que Jésus est le Sauveur.

Ce que nous dit la foi chrétienne

*« **Tout est accompli.** »*
- Dans sa mort, Jésus s'unit à l'homme que le péché a plongé dans la mort.
- Par sa résurrection, Jésus donne la vie éternelle au pécheur qui croit en lui.

L'eau du baptême et le sang de l'eucharistie sortent du côté de Jésus.
- L'Église, nouvelle Ève, est tirée du côté de Jésus, le nouvel Adam.
- L'union du Christ et de l'Église restaure et embellit l'union conjugale de l'homme et de la femme.
- Réciproquement, l'amour conjugal vrai exprime ce qui s'est passé sur la croix.

*« **La paix soit avec vous.** »*
- Jésus ressuscité donne à son épouse, l'Église, la paix et la joie.
- L'amour des époux chrétiens est signe de l'amour du Christ et de l'Église.

Des questions personnelles

Reportez-vous à votre *Carnet de notes*, page 14.

Notre prière

Pour s'émerveiller du salut qui nous est donné.

Encore et encore, Père très saint,
Dieu éternel et tout-puissant,
nous voulons, ici et aujourd'hui,
te dire merci,
t'offrir notre action de grâce,
par le Christ, notre Seigneur.

Car tu as voulu conclure la nouvelle Alliance
avec ton peuple, et tu l'as racheté
par le mystère de la mort
et de la résurrection de ton Fils,
les noces de la Croix.

Tu veux ainsi nous faire participer
à la nature divine, dans le Christ,
et nous rendre cohéritiers de ta gloire.

Tu as voulu que notre union manifeste
la prodigieuse action de ta grâce,
et que notre mariage redise
le merveilleux dessein de ton amour.
Avec les anges et tous les saints,
nous proclamons ta gloire !

D'après la Préface II
du *Rituel du mariage*

11 - En vue des noces éternelles

Après cela, j'entendis comme la voix forte d'une foule immense dans le ciel, qui proclamait : « Alléluia ! Le salut, la gloire, la puissance à notre Dieu. » [...] Et du Trône sortit une voix qui disait : « Louez notre Dieu, vous tous qui le servez, vous tous qui le craignez, les petits et les grands. » Alors j'entendis comme la voix d'une foule immense, comme la voix des grandes eaux, ou celle de violents coups de tonnerre. Elle proclamait : « Alléluia ! Il règne, le Seigneur notre Dieu, le Souverain de l'univers. Soyons dans la joie, exultons, et rendons gloire à Dieu ! Car elles sont venues, les Noces de l'Agneau, et pour lui son épouse a revêtu sa parure. Un vêtement de lin fin lui a été donné, splendide et pur. » Car le lin, ce sont les actions justes des saints. Puis l'ange me dit : « Écris : Heureux les invités au repas des noces de l'Agneau ! »

Apocalypse 19, 1.5-9a

« Viens, je te montrerai la Femme, l'Épouse de l'Agneau. » L'ange m'emporta sur une grande et haute montagne ; il me montra la Ville sainte, Jérusalem, qui descendait du ciel, d'auprès de Dieu.

Apocalypse 21, 9b.10b

L'Esprit et l'Épouse disent : « Viens ! » Celui qui entend, qu'il dise : « Viens ! »

Apocalypse 22, 17a

Le mot « apocalypse » est devenu à tort synonyme de catastrophe et de terreur. En fait, ce mot signifie littéralement « lever un voile », dévoiler ce qui était caché, et plus largement « révélation ». L'auteur de ce dernier livre de la Bible décrit la vision qu'il a reçue de l'éternité bienheureuse. Tout ici élève notre espérance vers un horizon céleste et divin. On saisit clairement, dans ces extraits, que l'éternité est présentée comme les noces de l'Agneau. L'Épouse, c'est l'Église, appelée la nouvelle Jérusalem. La cité sainte, c'est l'Église glorifiée, un peuple innombrable.

Ce que nous dit la foi chrétienne

« J'ai vu la Jérusalem céleste qui descendait du ciel. »

- À la Toussaint, nous fêtons tous ceux qui sont au ciel.
- L'Église qui est sur terre n'est pas une autre Église que celle du ciel.

Au ciel, l'humanité vivra dans la perfection de l'amour.

- Le mariage est une école d'amour divin.
- L'amour d'un(e) seul(e) nous apprend l'amour de tous.

Le signe du célibat consacré.

- Il est signe, ici-bas, de l'éternité.
- Il rappelle que l'amour du Christ est source de tout amour.
- Mariés ou consacrés dans le célibat, nous vivrons dans la gloire éternelle.
- Ne pas estimer l'un de ces états de vie, c'est mépriser l'autre.

Des questions personnelles

Reportez-vous à votre *Carnet de notes*, page 15.

Notre prière

Pour accueillir ce que Dieu nous révèle en Jésus Christ.

Nous te bénissons, Dieu et Père
de notre Seigneur Jésus-Christ !
Tu nous as choisis dans le Christ
avant que le monde fût créé,
pour être saints et sans péchés
devant toi, grâce à ton amour.
Tu as voulu que nous soyons
des fils adoptifs par Jésus-Christ.
Voilà ce que, dans ta bonté, tu as voulu.
Et tu nous as comblés de ta grâce
par ton Fils bien-aimé.
En lui, par son sang, nous recevons
le pardon de nos péchés.
Ta grâce, Seigneur, est inépuisable. Elle nous
remplit de sagesse et d'intelligence
et nous dévoile le mystère de ta volonté accomplie dans le Christ.
C'est en lui qu'à la fin des temps
seront rassemblées toutes choses,
les êtres du ciel comme ceux de la terre.

D'après Éphésiens 1, 3-10

La promesse des fiancés

– 12 –
APPELÉS À LA VRAIE LIBERTÉ

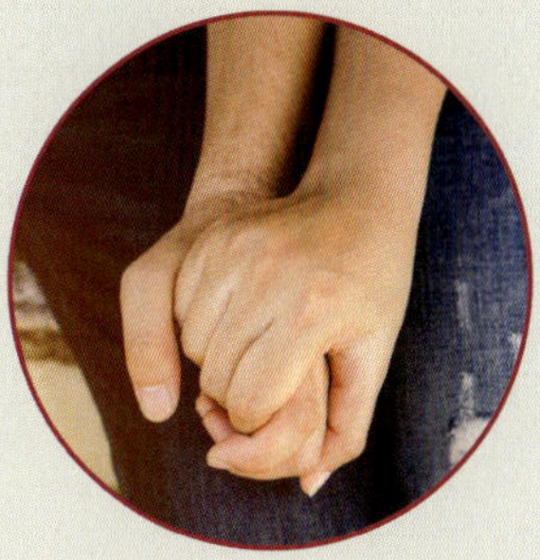

– 13 –
JE TE PROMETS FIDÉLITÉ

Dieu est fidèle, lui qui vous a appelés à vivre en communion avec son Fils, Jésus-Christ notre Seigneur.

1 Co 1,9

12 - Appelés à la vraie liberté

Jésus disait à ceux des Juifs qui croyaient en lui : « Si vous demeurez fidèles à ma parole, vous êtes vraiment mes disciples ; alors vous connaîtrez la vérité, et la vérité vous rendra libres. » Ils lui répliquèrent : « Nous sommes la descendance d'Abraham, et nous n'avons jamais été les esclaves de personne. Comment peux-tu dire : "Vous deviendrez libres" ? » Jésus leur répondit : « Amen, amen, je vous le dis : qui commet le péché est esclave du péché. L'esclave ne demeure pas pour toujours dans la maison ; le fils, lui, y demeure pour toujours. Si donc le Fils vous rend libres, réellement vous serez libres. »

Jean 8, 31-36

Toute la civilisation antique reposait sur l'esclavage : une partie de l'humanité était réduite à rien. Les esclaves n'étaient pas toujours maltraités ; certains, d'ailleurs, étaient très aimés de leurs maîtres – qui avaient pourtant droit de vie ou de mort sur eux – mais ils n'avaient aucune personnalité propre au sens social du terme ; ils n'avaient ni droits, ni histoire, ni héritage…

Jésus révèle que Dieu, le seul maître, ne veut que des fils, c'est-à-dire des hommes et des femmes à qui le Père transmet son savoir et ses biens ; des hommes et des femmes qui lui ressemblent et qu'il aime.

Jésus évoque la servitude comme la meilleure image de la vie dans le péché. Dans les cas où il se passe bien, l'esclavage peut présenter certains avantages : pas de responsabilité, nourriture et logement assurés mais c'est toujours un asservissement. Pour le péché, c'est pareil ; il peut même paraître séduisant, reposant, rassurant mais il est toujours aliénant. Les interlocuteurs de Jésus savent bien qu'ils sont un peuple libre en dépit de l'occupation romaine, parce que Dieu les a choisis et qu'il les a libérés de l'esclavage en Égypte. Ils ont cependant à découvrir que l'élection n'est pas une garantie contre l'esclavage spirituel et que le refus du péché demeure la tâche à laquelle ils sont appelés. Et Jésus ne manque pas de leur rappeler que pour vivre vraiment librement, pour être vraiment ce qu'ils sont – un peuple choisi et aimé par Dieu – ils doivent écouter la parole de Dieu et lui rester fidèles. Or, cette Parole, c'est lui Jésus, le Fils.

Ce que nous dit la foi chrétienne

« ***Vous connaîtrez la vérité.*** »

- La vérité, c'est le projet d'amour de Dieu pour l'homme et la femme.
- La société est capable de promulguer des lois contraires à la vérité.

« ***Vous serez vraiment libres.*** »

- L'homme est libre quand il devient ce pour quoi Dieu l'a créé.
- Le péché, c'est ce qui s'oppose au projet de Dieu pour l'homme.
- Le péché est un esclavage parce qu'il conduit l'homme à la perdition.

« ***Si vous demeurez fidèles à ma parole…*** »

- La parole de Dieu recrée en l'homme une intelligence du bien.
- Elle est source de liberté pour ceux qui la mettent en œuvre.

Des questions personnelles

Reportez-vous à votre *Carnet de notes*, page 16.

Notre prière

Pour vivre dans la paix de Dieu.

J'aime le Seigneur :
il entend le cri de ma prière ;
il incline vers moi son oreille :
toute ma vie, je l'invoquerai.
Le Seigneur est justice et pitié,
notre Dieu est tendresse.
Le Seigneur défend les petits :
j'étais faible, il m'a sauvé.

Retrouve ton repos, mon âme,
car le Seigneur t'a fait du bien.
Il a sauvé mon âme de la mort,
gardé mes yeux des larmes
et mes pieds du faux pas.

Je marcherai en présence du Seigneur
sur la terre des vivants.

Psaume 114, 1-2.5-9

13 - Je te promets fidélité

Voici venir des jours – oracle du Seigneur –, où je conclurai avec la maison d'Israël et avec la maison de Juda une alliance nouvelle. Ce ne sera pas comme l'alliance que j'ai conclue avec leurs pères, le jour où je les ai pris par la main pour les faire sortir du pays d'Égypte : mon alliance, c'est eux qui l'ont rompue, alors que moi, j'étais leur maître – oracle du Seigneur. Mais voici quelle sera l'alliance que je conclurai avec la maison d'Israël quand ces jours-là seront passés – oracle du Seigneur. Je mettrai ma Loi au plus profond d'eux-mêmes ; je l'inscrirai sur leur cœur. Je serai leur Dieu, et ils seront mon peuple. Ils n'auront plus à instruire chacun son compagnon, ni chacun son frère en disant : « Apprends à connaître le Seigneur ! » Car tous me connaîtront, des plus petits jusqu'aux plus grands – oracle du Seigneur. Je pardonnerai leurs fautes, je ne me rappellerai plus leurs péchés.

Jérémie 31, 31-34

Comme nous l'avons vu avec Osée (p. 44), le prophète, s'il a la délicate – et souvent douloureuse – mission de dénoncer le mal, a toujours aussi celle de susciter l'espérance et d'annoncer le salut. Ici, Jérémie annonce qu'après le temps de l'épreuve, marqué notamment par la destruction de Jérusalem et du Temple et par l'Exil, viendra le temps du retour sur la Terre de la promesse.

Jusqu'à présent le peuple qui avait reçu la Loi – les dix paroles – comme cadre de sa relation à Dieu et à autrui a souvent fait l'expérience de son infidélité même à la loi divine, l'expérience de son péché. Et c'est d'ailleurs en ce sens que l'on dit que la Loi démasque le péché.

Mais, aujourd'hui, Jérémie annonce que le Seigneur scellera une nouvelle alliance, qui rendra l'homme capable de vivre pleinement selon la Loi, car elle sera inscrite en son cœur. Elle lui permettra de connaître, d'aimer et de vivre le bien.

La révélation de cet oracle en annonce une autre tout à fait unique dans l'Ancien Testament : celle qui, par la bouche d'Ézékiel, promet que Dieu mettra en chacun son propre Esprit.

Cette promesse s'accomplit en Jésus qui nous donne l'Esprit Saint, lui qui vient faire sa demeure en tout disciple du Christ.

Ce que nous dit la foi chrétienne

*« **Je conclurai une alliance nouvelle.** »*

- Dieu tient toujours ses promesses. Il est fidèle.
- Dieu pardonne toutes les fautes de son peuple. Il est fidèle.

*« **Acceptez-vous la responsabilité d'époux ?** »*

- Dans le mariage, chacun promet d'être fidèle à l'autre, pour toute la vie.
- La fidélité est une prise en charge du bien de l'autre.

En quoi consiste la fidélité ?

- C'est un engagement à faire ce que l'on dit.
- C'est la ferme décision d'être tendre et compatissant.
- C'est la promesse de pardonner, sans condition.

Des questions personnelles

Reportez-vous à votre *Carnet de notes*, page 17.

Notre prière

Pour demander la paix.

R/ Béni sois-tu, Seigneur, Dieu de tendresse et d'amour !

Bénis le Seigneur, ô mon âme,
bénis son nom très saint, tout mon être !
Bénis le Seigneur, ô mon âme,
n'oublie aucun de ses bienfaits !

Le Seigneur est tendresse et pitié,
lent à la colère et plein d'amour ;
comme la tendresse du père pour ses fils,
la tendresse du Seigneur pour qui le craint !

Mais l'amour du Seigneur,
sur ceux qui le craignent,
est de toujours à toujours,
et sa justice pour les enfants
de leurs enfants,
pour ceux qui gardent son alliance.

Psaume 102, 1-2.8.13.17

Faire le point

Vous êtes arrivés à la fin de la deuxième étape de votre parcours de préparation au mariage.
C'est le moment, peut-être, de vous poser un peu pour rappeler ce que vous avez entendu ; ce que vous avez découvert, ou redécouvert ; ce qui vous a bouleversés.
C'est vrai, nous sommes capables de nous détourner du projet d'amour de Dieu, parce que nous doutons de son amour ; ou parce que nous prétendons ne pas avoir besoin de son amour et de sa grâce pour être heureux ; ou bien à cause de nos convoitises.
Vous avez compris le drame du péché et de ses conséquences.
Vous avez découvert les merveilles de celui qui nous permet de passer des ténèbres du péché et de la mort à son admirable lumière qui est vie, qui est amour.

C'est donc aussi le moment de rencontrer vos accompagnateurs pour leur poser des questions, afin qu'ils vous aident à mieux intégrer tout ce que vous avez vécu, peut-être aussi à discerner ce que cela vous appelle à vivre.

Vous êtes prêts à continuer votre chemin…

Les Déclarations d'intention

Avant de reprendre la route, il est temps d'écrire vos déclarations d'intentions, et ce n'est pas facultatif. Les pages 60 et 61 vous aideront à les rédiger. Lisez-les avec attention, et rédigez sans délai vos deux déclarations.

Les fiançailles

Il y a différentes façons d'envisager les fiançailles, dont celle-ci : elles commencent quand le discernement est achevé. L'homme et la femme connaissent le projet de Dieu, ils savent qu'ils veulent le vivre, ensemble. Ils vont alors prendre un temps pour se « consacrer » au Seigneur, se préparer à le rencontrer, se convertir.
Ils marquent alors le début de ce temps par une très belle célébration que propose l'Église et, au cours de laquelle, on peut bénir l'anneau des fiançailles.
Parlez-en à vos accompagnateurs ou à celui qui présidera la célébration de votre mariage

Textes complémentaires

L'union et la paix du foyer chrétien

Vous les femmes, soyez soumises à votre mari, pour que, même si certains refusent d'obéir à la parole de Dieu, ils soient gagnés par la conduite de leur femme et non par des paroles, en ouvrant les yeux devant votre attitude pure et pleine de respect. Que votre parure ne soit pas extérieure – coiffure élaborée, bijoux d'or, vêtements recherchés – mais qu'elle soit une qualité d'humanité au plus intime de votre cœur, parure impérissable d'un esprit doux et paisible : voilà ce qui a grande valeur devant Dieu. C'est cela qui faisait la parure des saintes femmes de jadis, elles qui espéraient en Dieu, soumises chacune à leur mari, comme Sara qui obéissait à Abraham, en l'appelant seigneur. Vous êtes devenues les filles de Sara en faisant le bien, sans vous laisser troubler par aucune crainte. De même, vous les maris, sachez comprendre, dans la vie commune, que la femme est un être plus délicat ; accordez-lui l'honneur qui lui revient, puisqu'elle hérite, au même titre que vous, de la grâce de la vie. Ainsi, rien ne fera obstacle à vos prières. Vous tous, enfin, vivez en parfait accord, dans la sympathie, l'amour fraternel, la compassion et l'esprit d'humilité. Ne rendez pas le mal pour le mal, ni l'insulte pour l'insulte ; au contraire, invoquez sur les autres la bénédiction, car c'est à cela que vous avez été appelés, afin de recevoir en héritage cette bénédiction.

1 Pierre 3, 1-9

Dieu est Amour

Bien-aimés, aimons-nous les uns les autres, puisque l'amour vient de Dieu. Celui qui aime est né de Dieu et connaît Dieu. Celui qui n'aime pas n'a pas connu Dieu, car Dieu est amour. Voici comment l'amour de Dieu s'est manifesté parmi nous : Dieu a envoyé son Fils unique dans le monde pour que nous vivions par lui. Voici en quoi consiste l'amour : ce n'est pas nous qui avons aimé Dieu, mais c'est lui qui nous a aimés, et il a envoyé son Fils en sacrifice de pardon pour nos péchés. Bien-aimés, puisque Dieu nous a tellement aimés, nous devons, nous aussi, nous aimer les uns les autres. Dieu, personne ne l'a jamais vu. Mais si nous nous aimons les uns les autres, Dieu demeure en nous, et, en nous, son amour atteint la perfection.

1 Jean 4, 7-12

Pour rédiger votre Déclaration d'intention

Chacun des fiancés rédige, seul de préférence, sa Déclaration d'intention.
Vous prendrez soin de les rédiger sans tarder, quand on vous le demandera.
Vos deux déclarations seront placées dans le dossier canonique, confidentiel et archivé.
Avant de présenter vos déclarations au couple accompagnateur, pour un échange approfondi, prenez le temps d'un partage en vous les montrant mutuellement.

1- Faire mémoire

Si vous le souhaitez, c'est bien de faire mémoire du « commencement » de votre amour. Faire mémoire en écrivant l'histoire de cet amour, histoire parfois douloureuse, toujours marquée par la grâce de Dieu, et qui fonde l'engagement du mariage :

1- Le moment de la première rencontre ; la naissance du sentiment amoureux.

2- Le temps du discernement.

- Temps pendant lequel chacun appelle l'autre à décider de quitter le célibat pour s'engager dans le mariage.
- Temps pendant lequel chacun respecte la liberté de l'autre qui peut avoir besoin de temps pour se décider, et finalement dire « oui ».
- Temps de joie, mais aussi de combat, d'inquiétude parfois, de conversion souvent.

3- Le moment de la décision commune : « Nous voulons nous marier » ! C'est le moment des fiançailles dans le vocabulaire chrétien. C'est le moment du démarrage de la préparation au mariage.

2- S'engager, maintenant

C'est la seule partie que vous devez absolument rédiger.
Il s'agit de mettre par écrit votre ferme intention.

- C'est une partie rédigée à la première personne du singulier : « Je ».
- On y trouve des intentions fermes : « Je promets » ; « Je m'engage » ; « Je veux »…

Pour que l'on puisse célébrer votre mariage dans l'Église catholique, il faut écrire :

- que votre décision est prise en toute liberté,
- que vous vous engagez, sans condition, jusqu'à ce que la mort vous sépare,
- que vous promettez fidélité à N.,votre futur conjoint,
- que vous voulez des enfants (cf. module 4 du *Carnet de route des fiancés*).

3- Préparer l'avenir avec confiance

Il n'est pas indispensable, mais bien, d'exprimer les orientations, et même les décisions, que vous voulez prendre, avec votre fiancé(e), pour votre vie future :

- concernant votre vie chrétienne personnelle, ou de couple,
- concernant vos futurs enfants, et leur éducation chrétienne,
- concernant vos engagements dans la société humaine,
- etc.

Remarques concernant la Déclaration d'intention

1- Le titre est le suivant : « **Déclaration d'intention de Roméo M… en vue de son mariage avec Juliette C…** »

2- La déclaration d'intention est manuscrite, datée et signée.

Ce n'est pas une lettre adressée au futur conjoint, au couple accompagnateur, au ministre qui assistera le mariage, ou à Dieu. Cette déclaration exprime l'intention du signataire.

3- C'est une déclaration que l'auteur acceptera volontiers de réécrire, s'il le faut, après avoir écouté les remarques et les conseils de son couple accompagnateur.

4- C'est un document qui doit être raisonnablement concis.

5- L'intention ferme ne se conjugue pas avec des « j'aimerais bien » ; « je rêve de » ; « je souhaite ». Une intention peut – et doit – être humblement ferme, parce qu'elle s'appuie sur l'engagement et la grâce de Dieu.

6- Une intention ferme doit être possible. Des habitudes de vie, des addictions, ou d'autres choses peuvent être des obstacles à abaisser avant de pouvoir s'engager.

7- Une déclaration d'intention doit être crédible, elle ne peut pas être en contradiction avec la vie de celui qui la rédige. Il peut y avoir nécessité d'une conversion.

8- S'engager sans condition, c'est s'engager même si l'autre n'est pas fidèle à son engagement.

9- On ne s'engage pas pour l'éternité, ni même pour toute sa vie, mais jusqu'à ce que la mort de l'un des deux détruise le lien conjugal. (cf. module 3 et 11 du *Carnet de route des fiancés*)

10- Quand on parle de liberté, on se situe par rapport aux contraintes humaines, mais on parle aussi de liberté intérieure. L'Église invite les fiancés à ne pas se priver de la joie et de la grâce du sacrement de réconciliation. (cf. module n° 12 et 15 du *Carnet de route des fiancés*)

11- La fidélité consiste d'abord en une parole sûre. On doit pouvoir compter sur la parole de qui promet fidélité. La fidélité consiste aussi en une attitude miséricordieuse. Promettre fidélité, c'est promettre la tendresse, la compassion et le pardon, donné sans limite. (cf. module n°13 du *Carnet de route des fiancés*)

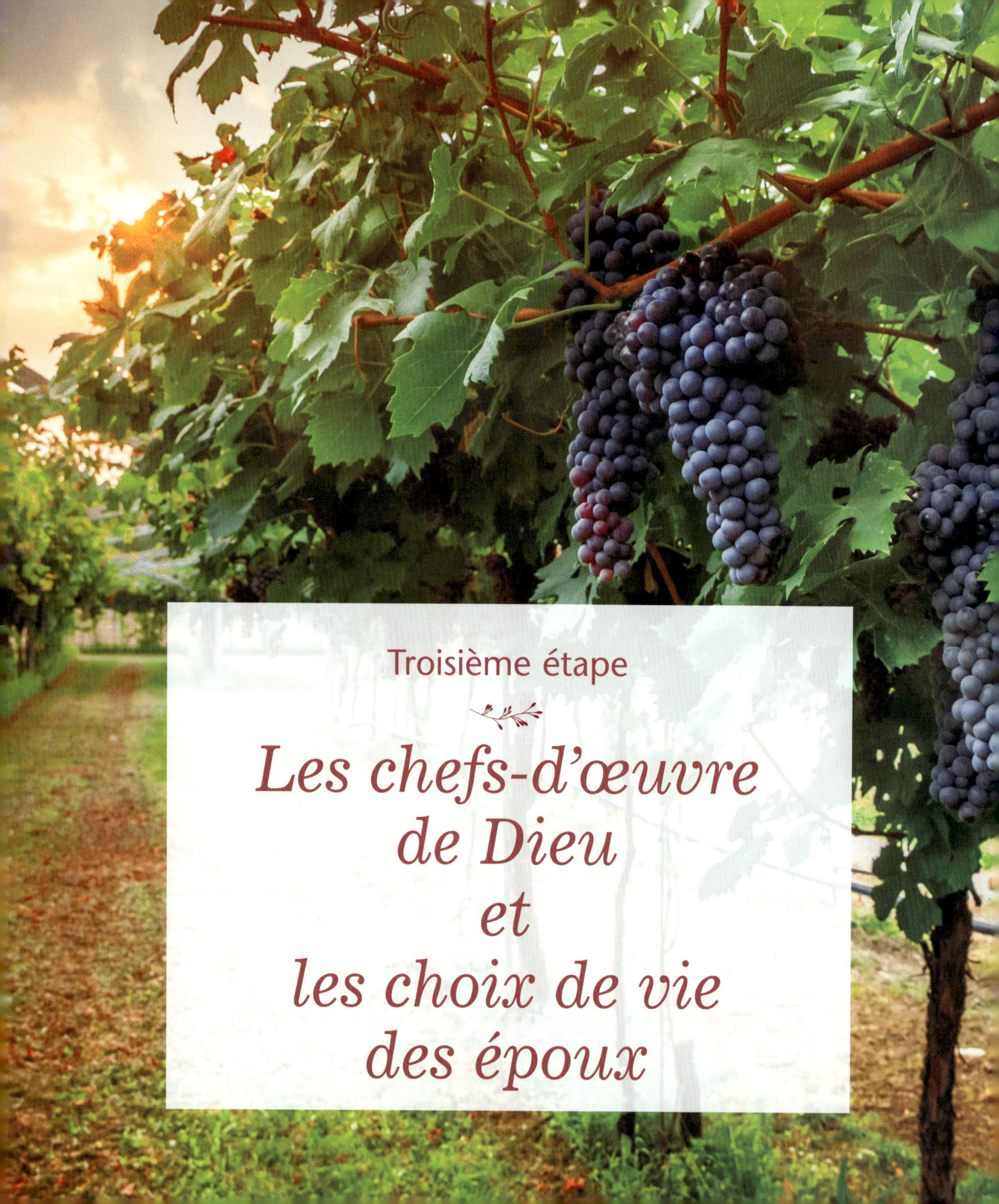

Troisième étape

Les chefs-d'œuvre de Dieu et les choix de vie des époux

Troisième étape

Au cours de la deuxième étape, nous avons fixé notre regard sur Jésus, vrai Dieu et vrai homme, seul Sauveur des hommes.
Nous avons contemplé Jésus le nouvel Adam, du côté duquel est tirée la nouvelle Ève, l'Église, Épouse du Christ.

Il nous faut donc consentir, non seulement au plan d'amour de Dieu Créateur, mais aussi à la merveilleuse rédemption que Jésus réalise dans le mystère de sa Pâque, son « passage ». Nous désignons par le mot Pâque la passion, la mort, la descente au séjour des morts, la résurrection et la glorieuse ascension de Jésus.

Oui, Dieu vous a tant aimés qu'il a donné son Fils unique afin que vous puissiez, par votre foi, obtenir la vie éternelle, en vivant la Pâque par Jésus, avec lui et en lui.

Et ce qui est inouï, c'est que le mariage est à la fois l'éternel et immuable plan de Dieu pour l'amour humain, mais aussi le moyen par lequel il restaure et même embellit cet amour conjugal. Le mariage est un sacrement pour ceux qui croient.

Si bien qu'au cours de cette troisième étape vous serez amenés à prendre des décisions pour votre vie de couple :
- quelle sera notre vie chrétienne ?
- quelle sera notre vie affective ?
- quelle sera notre vie dans le monde ?

En vous rappelant que ne rien décider, c'est prendre une décision.

Encore une fois, vous reprendrez fidèlement la route en vivant vos rendez-vous hebdomadaires avec amour, les rencontres en commun avec d'autres fiancés et l'accompagnement dont vous savez maintenant combien il est précieux.

Bonne route !

Dieu fait de notre alliance un sacrement

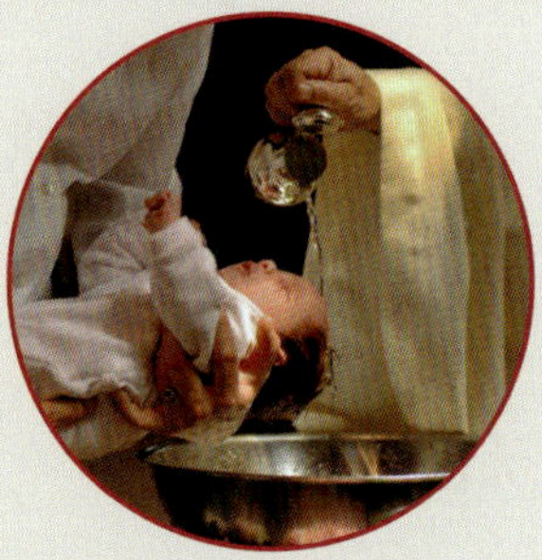

- 14 -
NOTRE VOCATION BAPTISMALE

- 15 -
DIEU NOUS FAIT MISÉRICORDE

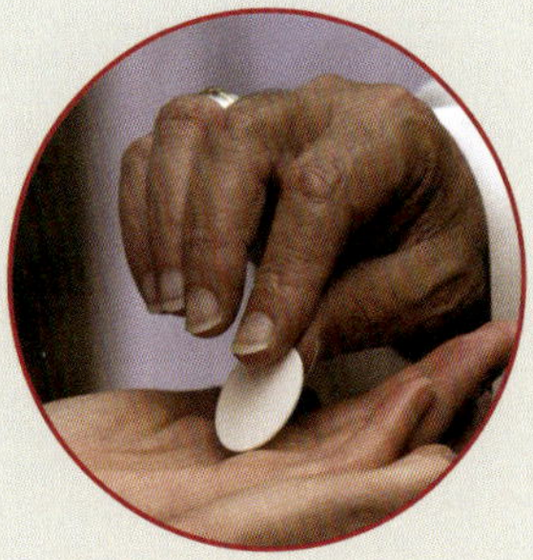

- 16 -
DIEU NOUS COMBLE DE L'ESPRIT SAINT

- 17 -
UNE VOCATION EUCHARISTIQUE

La réalité naturelle du mariage devient, par la volonté du Christ, un véritable sacrement de la Nouvelle Alliance marqué du sceau du Christ Rédempteur.

Lettre aux familles (Saint Jean-Paul II)

14 - Notre vocation baptismale

Vivez dans l'amour, comme le Christ nous a aimés. [...] Par respect pour le Christ, soyez soumis les uns aux autres ; les femmes, à leur mari, comme au Seigneur Jésus ; car, pour la femme, le mari est la tête, tout comme, pour l'Église, le Christ est la tête, lui qui est le Sauveur de son corps. Eh bien ! puisque l'Église se soumet au Christ, qu'il en soit toujours de même pour les femmes à l'égard de leur mari.
Vous, les hommes, aimez votre femme à l'exemple du Christ : il a aimé l'Église, il s'est livré lui-même pour elle, afin de la rendre sainte en la purifiant par le bain de l'eau baptismale, accompagné d'une parole ; il voulait se la présenter à lui-même, cette Église, resplendissante, sans tache, ni ride, ni rien de tel ; il la voulait sainte et immaculée. C'est de la même façon que les maris doivent aimer leur femme : comme leur propre corps. Celui qui aime sa femme s'aime soi-même. Jamais personne n'a méprisé son propre corps : au contraire, on le nourrit, on en prend soin. C'est ce que fait le Christ pour l'Église, parce que nous sommes les membres de son corps. Comme dit l'Écriture : À cause de cela, l'homme quittera son père et sa mère, il s'attachera à sa femme, et tous deux ne feront plus qu'un. Ce mystère est grand : je le dis en référence au Christ et à l'Église. Pour en revenir à vous, chacun doit aimer sa propre femme comme lui-même, et la femme doit avoir du respect pour son mari.

Éphésiens 5, 2a.21-33

Ce texte n'est pas scandaleux mais il nous révèle la profondeur du mystère du mariage. Il s'agit de ce grand mystère qu'est l'Alliance du Christ et de l'Église, Alliance qui fonde l'union de l'homme et de la femme. Votre couple est signe, autrement dit « sacrement », de l'amour du Christ pour son Église… Rien que cela !

La soumission n'est pas une marque d'infériorité. Elle caractérise celui ou celle qui « se reçoit » d'un autre. L'Église ne peut exister sans le Christ. C'est lui sa raison d'être, tout ce qu'elle fait vise l'union au Christ : elle lui est « soumise ». De façon symétrique, la tête veut dire la « source ». Le Christ est la source de l'Église. Il est tête, parce qu'il la fait exister en se donnant.

Ce que nous dit la foi chrétienne

Le signe de l'eau : immersion ou aspersion.

- L'eau fait mourir au péché, en union avec Jésus, pour ressusciter avec lui.
- L'eau jaillit en vie éternelle en celui qui a reçu l'Esprit Saint.

La Parole de vie : « Je te baptise au nom du Père et du Fils et du Saint-Esprit. »

- Baptiser veut dire « immerger dans » ; le nom, c'est la personne.
- Le baptême nous plonge dans la vie de Dieu Trinité !

Le baptême est une naissance à une vie nouvelle.

- La vie nouvelle, c'est la vie éternelle qui commence avec le baptême.
- Le mariage est un chemin de sainteté du baptême.
- Le mariage est signe de l'union du Christ et de l'Église : c'est un sacrement.

Des questions personnelles

Reportez-vous à votre *Carnet de notes*, page 19.

Notre prière

Pour faire mémoire de notre baptême.

Je vous prendrai du milieu des nations,
je vous rassemblerai de tous les pays,
je vous conduirai dans votre terre.

Je répandrai sur vous une eau pure,
et vous serez purifiés ;
de toutes vos souillures,
de toutes vos idoles,
je vous purifierai.

Je vous donnerai un cœur nouveau,
je mettrai en vous un esprit nouveau.
J'ôterai de votre chair le cœur de pierre,
je vous donnerai un cœur de chair.

Je mettrai en vous mon esprit,
je ferai que vous marchiez
selon mes lois,
que vous gardiez mes préceptes
et leur soyez fidèles.

Vous habiterez le pays
que j'ai donné à vos pères :
vous, vous serez mon peuple,
et moi, je serai votre Dieu.

Ézékiel 36, 24-28

15 - Dieu nous fait miséricorde

Les scribes et les pharisiens lui amènent une femme qu'on avait surprise en situation d'adultère. Ils la mettent au milieu, et disent à Jésus : « Maître, cette femme a été surprise en flagrant délit d'adultère. Or, dans la Loi, Moïse nous a ordonné de lapider ces femmes-là. Et toi, que dis-tu ? » Ils parlaient ainsi pour le mettre à l'épreuve, afin de pouvoir l'accuser. Mais Jésus s'était baissé et, du doigt, il écrivait sur la terre. Comme on persistait à l'interroger, il se redressa et leur dit : « Celui d'entre vous qui est sans péché, qu'il soit le premier à lui jeter une pierre. » Il se baissa de nouveau et il écrivait sur la terre. Eux, après avoir entendu cela, s'en allaient un par un, en commençant par les plus âgés. Jésus resta seul avec la femme toujours là au milieu. Il se redressa et lui demanda : « Femme, où sont-ils donc ? Personne ne t'a condamnée ? » Elle répondit : « Personne, Seigneur. » Et Jésus lui dit : « Moi non plus, je ne te condamne pas. Va, et désormais ne pèche plus. »

Jean 8, 3-11

La rencontre de Jésus avec cette femme adultère a lieu au cœur d'une violente controverse entre Jésus et les autorités religieuses : Qui est Jésus ? Pour qui se prend-il ?
Ce n'est pas un hasard, on célèbre dans le temple une fête juive très importante, au cours de laquelle on renouvelle cette grande Espérance : Dieu lui-même va venir pour sauver son peuple. L'interruption de cette âpre discussion par l'épisode ci-dessus, manifeste que Jésus est Dieu qui vient sauver le pécheur de la mort en pardonnant son péché.

Et, vous l'avez bien noté, on cherche le moyen de l'accuser pour le tuer. Lui qui est venu pour nous donner la vie en abondance !
Le sacrement de réconciliation est cette rencontre entre celui qui se reconnaît pécheur, qui pleure parce qu'il mesure l'écart entre ce qu'il a fait et l'amour de Jésus, qui attend de lui le pardon et la force de convertir sa façon de penser et sa façon de vivre.

Ce que nous dit la foi chrétienne

La colère et la compassion.

- Le péché provoque la colère de Dieu parce qu'il détruit celui qui le commet.
- Dieu compatit envers le pécheur, qui souffre parce qu'il s'est détourné de Dieu.
- Le repentir, c'est cette libre rencontre du pécheur avec son Sauveur.

La loi et le pardon.

- Tuer la femme adultère, c'est rajouter du mal au mal.
- La Loi n'est pas donnée pour perdre mais pour sauver.
- Dieu dénonce fermement le péché parce qu'il veut le pardonner.

Le sacrement de réconciliation.

- C'est cette rencontre entre Jésus et le pécheur.
- L'aveu est l'offrande de son péché pour que Jésus le « fasse mourir » sur la croix.
- La pénitence est un acte qui manifeste que le pécheur pardonné est capable de faire un bien radicalement contraire à son péché.

Des questions personnelles

Reportez-vous à votre *Carnet de notes*, page 20.

Notre prière

Pour demander la grâce de reconnaître notre péché.

Heureux l'homme dont la faute est enlevée,
et le péché remis !
Heureux l'homme dont le Seigneur
ne retient pas l'offense,
dont l'esprit est sans fraude !
Je me taisais et mes forces s'épuisaient
à gémir tout le jour :
ta main, le jour et la nuit,
pesait sur moi ;
ma vigueur se desséchait
comme l'herbe en été.
Je t'ai fait connaître ma faute,
je n'ai pas caché mes torts.

J'ai dit : « Je rendrai grâce au Seigneur
en confessant mes péchés. »
Et toi, tu as enlevé
l'offense de ma faute.
Ainsi chacun des tiens te priera
aux heures décisives ;
même les eaux qui débordent
ne peuvent l'atteindre.
Tu es un refuge pour moi,
mon abri dans la détresse ;
de chants de délivrance,
tu m'as entouré.

Psaume 31, 1-7

16 - Dieu nous comble de l'Esprit Saint

Timothée, mon enfant bien aimé,
Je suis plein de gratitude envers Dieu, à qui je rends un culte avec une conscience pure, à la suite de mes ancêtres. Je lui rends grâce en me souvenant continuellement de toi dans mes prières, nuit et jour. (…)
J'ai souvenir de la foi sincère qui est en toi : c'était celle qui habitait d'abord Loïs, ta grand-mère, et celle d'Eunice, ta mère, et j'ai la conviction que c'est aussi la tienne.
Voilà pourquoi, je te le rappelle, ravive le don gratuit de Dieu, ce don qui est en toi depuis que je t'ai imposé les mains. Car ce n'est pas un esprit de peur que Dieu nous a donné, mais un esprit de force, d'amour et de pondération.
N'aie donc pas honte de rendre témoignage à notre Seigneur, (…) mais, avec la force de Dieu, prends ta part des souffrances liées à l'annonce de l'Évangile.

2 Timothée, 2…8

Le sacrement de confirmation est, avec le baptême l'un des trois sacrements inséparables de l'initiation chrétienne. La confirmation est un renouvellement des grâces du baptême, en les amplifiant. Mais, si le baptême est un « don initial » – le plus souvent on le reçoit enfant – comme la vie est un don initial de Dieu et de nos parents, on reçoit le sacrement de Confirmation librement. Le confirmant demande à recevoir ce sacrement en adressant une lettre à l'évêque.
Confirmation du baptême, mais au delà de cela, la Confirmation « *nous accorde une force spéciale de l'Esprit Saint pour répandre et défendre la foi par la parole et par l'action en vrais témoins du Christ, pour confesser vaillamment de nom du Christ et pour ne jamais éprouver de la honte à l'égard de la Croix* » (CEC 1303)
Si bien que ce sacrement est indispensable pour tous ceux qui sont envoyés en mission : et le mariage est une mission. L'homme et la femme sont envoyés, chacun vers le conjoint, ensemble vers les enfants nés de leur union. Les époux, comme tous leurs frères chrétiens sont envoyés en mission dans le monde.
L'Église demande donc le sacrement de confirmation pour les baptisés qui vont se marier mais, concrètement, elle considère que s'engager à le recevoir permet de recevoir le sacrement de mariage.

Ce que nous dit la foi chrétienne

L'éducation chrétienne des enfants.

- Les parents sont les seuls responsables de l'éducation de leurs enfants.
- Ils ont besoin de l'Esprit Saint pour cette mission essentielle.
- Ils ont besoin de l'aide de l'Église qui se met à leur service.

Le témoignage des parents.

- La parole du père est indispensable pour un enfant. Celle de la mère aussi.
- L'enseignement de la foi aux enfants prend appui sur la vie des parents.
- La meilleure éducation chrétienne est donnée par des parents heureux d'être d'authentiques chrétiens.

Prendre sa part de souffrance.

- Un amour vrai est toujours exigeant et miséricordieux.
- C'est vrai dans le couple et vis à vis des enfants.

Des questions personnelles

Reportez-vous à votre *Carnet de notes*, page 21.

Notre prière

Dieu très bon, Père de Jésus le Christ,
notre Seigneur, par le baptême
tu nous as libérés de l'esclavage du péché,
tu nous as fait naître de l'eau et de l'Esprit.
Alors que nous préparons notre mariage,
comme tu l'as promis, répands
maintenant sur nous ton Esprit Saint ;
donne-nous en plénitude l'Esprit
qui reposait sur ton Fils Jésus :
esprit de sagesse et d'intelligence,
esprit de conseil et de force, esprit de force
et d'affection filiale ; remplis-nous
de l'esprit d'adoration, par Jésus,
notre Sauveur, qui est vivant
pour les siècles des siècles. Amen.

D'après la prière de l'évêque imposant les mains
sur les confirmands

17 - Une vocation eucharistique

Il y eut un mariage à Cana de Galilée. La mère de Jésus était là. Jésus aussi avait été invité au mariage avec ses disciples. Or, on manqua de vin. La mère de Jésus lui dit : « Ils n'ont pas de vin. » Jésus lui répond : « Femme, que me veux-tu ? Mon heure n'est pas encore venue. » Sa mère dit à ceux qui servaient : « Tout ce qu'il vous dira, faites-le. » Or, il y avait là six jarres de pierre pour les purifications rituelles des Juifs ; chacune contenait deux à trois mesures (c'est-à-dire environ cent litres). Jésus dit à ceux qui servaient : « Remplissez d'eau les jarres. » Et ils les remplirent jusqu'au bord. Il leur dit : « Maintenant, puisez, et portez-en au maître du repas. » Ils lui en portèrent. Et celui-ci goûta l'eau changée en vin. Il ne savait pas d'où venait ce vin, mais ceux qui servaient le savaient bien, eux qui avaient puisé l'eau. Alors le maître du repas appelle le marié et lui dit : « Tout le monde sert le bon vin en premier et, lorsque les gens ont bien bu, on apporte le moins bon. Mais toi, tu as gardé le bon vin jusqu'à maintenant. » Tel fut le commencement des signes que Jésus accomplit. C'était à Cana de Galilée. Il manifesta sa gloire, et ses disciples crurent en lui.

Jean 2, 1-11

La tradition juive veut qu'on invite à la noce toutes les personnes des villages alentour. Et c'est le nouvel époux qui offre le vin de la noce. Ici, à Cana, Jésus révèle qu'il est le véritable « époux » venu accomplir la promesse du Père.

Ce « signe » (c'est le même mot que miracle) est d'une grande portée théologique puisqu'il préfigure le don du « vin nouveau » pour l'Alliance, l'alliance des noces nouvelles et éternelles.

Ce vin, c'est bien sûr celui de l'eucharistie, le sang du Christ, versé pour la multitude et pour le pardon des péchés, et il est donné en surabondance.

L'évangile des noces de Cana est une belle révélation sur le sens du mariage humain. Jésus consacre l'alliance de l'homme et de la femme en les invitant à puiser dans l'eucharistie la grâce de leur vie conjugale.

Ce que nous dit la foi chrétienne

À l'époque de Jésus, le jeune époux offrait le vin des noces.

- À Cana, Jésus inaugure la Nouvelle Alliance. Il est l'Époux de l'Église.
- La messe est la célébration des noces de Jésus et de l'Église.
- La communion est la consommation de ces noces.

La messe est le sommet de la vie chrétienne.

- À la messe, les époux viennent offrir toute leur vie d'amour au Père.
- À la messe, chacun se donne à Dieu dans la pauvreté de sa vie.

La messe est une source de la vie conjugale.

- À la messe, Jésus, l'Époux, se donne à l'Église, sa bien-aimée.
- Les époux ne peuvent vivre pleinement le sacrement de mariage sans l'eucharistie.

Des questions personnelles

Reportez-vous à votre *Carnet de notes*, page 22.

Notre prière

Pour apprendre à vivre l'eucharistie.

Seigneur notre Dieu, tu nous as appelés par notre nom, pour qu'en nous donnant l'un à l'autre nous devenions une seule chair et un seul esprit ; donne-nous le corps de ton Fils par qui se réalisera notre unité. Tu es la source de notre amour et tu as mis en nous le désir de bonheur qui nous anime ; donne-nous le sang de ton Fils qui sanctifiera notre amour et notre joie.

En recevant le pain de Vie et la coupe de bénédiction, que nous apprenions à donner notre vie pour les autres ; que nous élevions dans la fidélité à l'Évangile les enfants qui naîtront de notre amour ; que nous nous montrions accueillants aux plus pauvres ; que nous puissions toujours te rendre grâce, et venions souvent renouveler notre alliance en communiant ensemble au corps ressuscité de Jésus-Christ.
Amen.

D'après la Bénédiction nuptiale n° 4

Appelés à la sainteté

- 18 -
LE VRAI BONHEUR

- 19 -
TOUS NOS ACTES SONT IMPORTANTS

- 20 -
LA CHASTETÉ DANS LE MARIAGE

La sainteté est la vocation universelle des baptisés.

Lettre aux familles (Saint Jean-Paul II)

18 - Le vrai bonheur

Voyant les foules, Jésus gravit la montagne. Il s'assit, et ses disciples s'approchèrent de lui. Alors, ouvrant la bouche, il les enseignait. Il disait :
« Heureux les pauvres de cœur, car le royaume des Cieux est à eux.
Heureux ceux qui pleurent, car ils seront consolés.
Heureux les doux, car ils recevront la terre en héritage.
Heureux ceux qui ont faim et soif de la justice, car ils seront rassasiés.
Heureux les miséricordieux, car ils obtiendront miséricorde.
Heureux les cœurs purs, car ils verront Dieu.
Heureux les artisans de paix, car ils seront appelés fils de Dieu.
Heureux ceux qui sont persécutés pour la justice, car le royaume des Cieux est à eux.
Heureux êtes-vous si l'on vous insulte, si l'on vous persécute et si l'on dit faussement toute sorte de mal contre vous, à cause de moi. Réjouissez-vous, soyez dans l'allégresse, car votre récompense est grande dans les cieux ! »

Matthieu 5, 1-12a

Après avoir conduit le peuple de Dieu hors de l'esclavage en Égypte, Moïse, dans le désert, monta plusieurs fois sur la montagne du Sinaï. Là, il rencontrait Dieu, qui lui parlait face à face, comme de « bouche à oreille ». Puis le peuple tout entier vint sur les flancs de la montagne entendre les dix paroles sacrées que Dieu avait données. Cette Loi que Jésus a rappelée à l'homme venu lui poser la question : « Que dois-je faire de bon pour avoir la vie éternelle ? » (voir p. 30), il n'est pas venu l'abolir, mais l'accomplir c'est-à-dire la mener à sa perfection en la vivant dans la plus sainte et la plus fidèle obéissance à son Père.
Jésus, à son tour, gravit la montagne. Mais lui ne vient pas rencontrer Dieu, il est Dieu. C'est lui qui « ouvre la bouche » pour parler. Il va donner à ses disciples une loi nouvelle, celle que Jérémie promettait. Gravée par l'Esprit Saint dans le cœur des croyants, c'est une loi de bonheur : « Heureux ! Heureux ! » Cette loi ne consiste en rien d'autre que de vivre « dans » le Christ, lui qui est doux, miséricordieux, artisan de paix et de justice.

Ce que nous dit la foi chrétienne

Qui nous fera voir le bonheur ?

- Le monde nous pousse à confondre bonheur et bien-être.
- Jésus est celui qui a vécu à la perfection les Béatitudes.
- Chacun est appelé à imiter Jésus.

Un paradoxe étonnant.

- Jésus nous propose un bonheur déjà là et pourtant encore à venir.
- Les bonheurs de ce monde ne sont que provisoires.

On vous persécutera à cause de moi.

- Le chrétien accepte d'être en contradiction avec le monde.
- Il semble souvent que ceux qui font le mal réussissent.

Des questions personnelles

Reportez-vous à votre *Carnet de notes*, page 23.

Notre prière

Pour éclairer notre vocation.

R/ Qui cherche Dieu ne manque d'aucun bien !

Heureux qui craint le Seigneur,
qui aime entièrement sa volonté !
Sa lignée sera puissante sur la terre ;
la race des justes est bénie.
Les richesses affluent dans sa maison :
à jamais se maintiendra sa justice.
Lumière des cœurs droits,
il s'est levé dans les ténèbres,
homme de justice, de tendresse
et de pitié.
L'homme de bien a pitié, il partage ;
il mène ses affaires avec droiture.

Cet homme jamais ne tombera ;
toujours on fera mémoire du juste.
Il ne craint pas l'annonce d'un malheur :
le cœur ferme, il s'appuie sur le Seigneur.
Son cœur est confiant, il ne craint pas :
il verra ce que valaient ses oppresseurs.
À pleines mains, il donne au pauvre ;
à jamais se maintiendra sa justice,
sa puissance grandira, et sa gloire !

Psaume 111, 1-9

19 - Tous nos actes sont importants

Ce n'est pas en me disant : « Seigneur, Seigneur ! » qu'on entrera dans le royaume des Cieux, mais c'est en faisant la volonté de mon Père qui est aux cieux. […] Ainsi, celui qui entend les paroles que je dis là et les met en pratique est comparable à un homme prévoyant qui a construit sa maison sur le roc. La pluie est tombée, les torrents ont dévalé, les vents ont soufflé et se sont abattus sur cette maison ; la maison ne s'est pas écroulée, car elle était fondée sur le roc. Et celui qui entend de moi ces paroles sans les mettre en pratique est comparable à un homme insensé qui a construit sa maison sur le sable. La pluie est tombée, les torrents ont dévalé, les vents ont soufflé, ils sont venus battre cette maison ; la maison s'est écroulée, et son écroulement a été complet.

Matthieu 7, 21.24-27

Le « Discours sur la montagne » commence avec les Béatitudes (voir p. 76) et se termine par la page qui vous est proposée aujourd'hui. Jésus s'exprime ici à la manière des sages de l'époque, en opposant la bonne et la mauvaise voie. C'est une invitation pressante à choisir la bonne voie, à garder les commandements du Seigneur, à les mettre en pratique. Il ne profère ni menaces, ni avertissements. Il en appelle à la vérité des actes.

Dans la Bible, l'image du rocher est très utilisée pour désigner la solidité et plus précisément la solidité de Dieu. D'ailleurs, de nombreux psaumes invoquent Dieu comme le roc sur lequel le croyant peut s'appuyer et construire son existence.

Saint Paul reprendra ce thème du rocher sur lequel Moïse frappa pour en faire jaillir de l'eau, afin de désaltérer le peuple épuisé par la soif, indiquant que désormais le rocher qui désaltère, c'est le Christ lui-même.

La maison dont parle Jésus, c'est bien sûr l'Église, mais c'est aussi chacune de nos familles. Il nous invite à bâtir notre vie de famille sur sa personne – la vie chrétienne peut devenir la fondation de la vie tout court. Il nous invite à regarder, avec lucidité et compassion, un monde où tant de familles prétendent se construire sans Dieu, où tant de familles tombent en ruines.

Ce que nous dit la foi chrétienne

L'enfer est « pavé de bonnes intentions ».

- Il ne suffit pas de désirer le bien pour être juste, il faut le faire.
- Une foi authentique se manifeste dans une charité inventive.

Nos actes nous façonnent.

- Celui qui ne vit pas comme il pense finit par penser comme il vit.
- L'homme a la capacité de se perdre.

Agir selon sa conscience.

- La voix de la conscience appelle à éviter le mal, à faire le bien, à aimer.
- La conscience de l'homme juge ses actes.
- L'Église ne peut rien nous imposer, elle parle à notre conscience.

Des questions personnelles

Reportez-vous à votre *Carnet de notes*, page 24.

Notre prière

Dans un humble dialogue avec Dieu.

R/ Donne-nous Seigneur un cœur nouveau !

« Écoute, mon peuple, je parle ;
Israël, je te prends à témoin.
Moi, Dieu, je suis ton Dieu !

Je ne t'accuse pas pour tes sacrifices ;
tes holocaustes sont toujours devant moi.
Offre à Dieu le sacrifice d'action de grâce,
accomplis tes vœux envers le Très-Haut.

Invoque-moi au jour de détresse :
je te délivrerai, et tu me rendras gloire. »

Mais à l'impie, Dieu déclare :
« Qu'as-tu à réciter mes lois,
à garder mon alliance à la bouche,
toi qui n'aimes pas les reproches
et rejettes loin de toi mes paroles ?

Qui offre le sacrifice d'action de grâce,
celui-là me rend gloire :
sur le chemin qu'il aura pris,
je lui ferai voir le salut de Dieu. »

Psaume 49, 7-8.14-17.23

20 - La chasteté dans le mariage

Frères, le corps est pour le Seigneur, et le Seigneur est pour le corps ; et Dieu, par sa puissance, a ressuscité le Seigneur et nous ressuscitera nous aussi. Ne le savez-vous pas ? Vos corps sont les membres du Christ. [...] Celui qui s'unit au Seigneur ne fait avec lui qu'un seul esprit. Fuyez la débauche. Tous les péchés que l'homme peut commettre sont extérieurs à son corps ; mais l'homme qui se livre à la débauche commet un péché contre son propre corps. Ne le savez-vous pas ? Votre corps est un sanctuaire de l'Esprit Saint, lui qui est en vous et que vous avez reçu de Dieu ; vous ne vous appartenez plus à vous-mêmes, car vous avez été achetés à grand prix. Rendez donc gloire à Dieu dans votre corps.

1 Corinthiens 6, 13b-15a.17-20

À l'époque où Paul écrit ce texte, Corinthe est une ville très importante, cosmopolite, et un carrefour commercial considérable. Les valeurs culturelles et sociales prônées et les comportements de débauche qui y règnent sont en contradiction avec l'enseignement du Christ : la jeune communauté chrétienne de Corinthe, fervente et dynamique, est plongée dans ce monde.

Hélas, les mœurs sexuelles de certains croyants sont perverties. Paul montre la gravité de ce péché qui détruit l'image divine.

En s'appuyant sur l'union de chacun avec le Christ, Paul invite les chrétiens à comprendre que le don des corps est un acte éminemment spirituel, saint et sanctifiant. L'acte sexuel n'est chaste que s'il est l'expression du don mutuel et total d'un homme et d'une femme. C'est la grâce du mariage qui permet aux époux de vivre cet acte en rendant gloire à Dieu. Et c'est un immense bonheur !

Ce que nous dit la foi chrétienne

Unifier sa vie, dans sa spécificité sexuelle, en vue du don de soi.

- La chasteté n'est pas l'abstinence de relations sexuelles.
- L'union sexuelle n'est chaste que si elle est l'expression du don de soi.

La joie d'un amour unifié.

- Le don des corps doit être en cohérence avec toute la vie du couple.
- Plaisir du corps, joie du cœur et béatitude de l'esprit sont inséparables dans l'amour vrai.

La vérité du don de soi.

- Le don de soi n'est vrai que s'il est sans retour.
- Le don de soi implique la totalité de la personne.
- Le don de soi suppose le respect de l'intégrité de la personne.

Des questions personnelles

Reportez-vous à votre *Carnet de notes*, page 25.

Notre prière à l'école de Marie

Une dizaine de chapelet.

Notre Père, qui es aux cieux,
que ton nom soit sanctifié,
que ton règne vienne,
que ta volonté soit faite sur la terre comme au ciel.
Donne-nous aujourd'hui notre pain
de ce jour,
pardonne-nous nos offenses
comme nous pardonnons aussi
à ceux qui nous ont offensés,
et ne nous laisse pas entrer en tentation
mais délivre-nous du Mal.

Puis, dix fois :
Je te salue, Marie, comblée de grâce,
le Seigneur est avec toi,
tu es bénie entre toutes les femmes
et Jésus, le fruit de tes entrailles, est béni.
Sainte Marie, mère de Dieu,
prie pour nous, pauvres pécheurs,
maintenant et à l'heure de notre mort.

Doxologie
Gloire au Père, et au Fils, et au Saint-Esprit,
pour les siècles des siècles. Amen !

La vérité de l'amour

– 21 –

LE CHEMIN DE CONVERSION

– 22 –

LE PARDON MUTUEL

– 23 –

PRIEZ SANS VOUS LASSER

L'homme et la femme ne peuvent connaître
De plus grande expérience mystique
Que dans l'humble exercice de leur amour conjugal.

21 - Le chemin de conversion

Je vous exhorte donc, frères, par la tendresse de Dieu, à lui présenter votre corps – votre personne tout entière –, en sacrifice vivant, saint, capable de plaire à Dieu : c'est là, pour vous, la juste manière de lui rendre un culte. Ne prenez pas pour modèle le monde présent, mais transformez-vous en renouvelant votre façon de penser pour discerner quelle est la volonté de Dieu : ce qui est bon, ce qui est capable de lui plaire, ce qui est parfait. [...]

Que votre amour soit sans hypocrisie. Fuyez le mal avec horreur, attachez-vous au bien. Soyez unis les uns aux autres par l'affection fraternelle, rivalisez de respect les uns pour les autres. Ne ralentissez pas votre élan, restez dans la ferveur de l'Esprit, servez le Seigneur, ayez la joie de l'espérance, tenez bon dans l'épreuve, soyez assidus à la prière. Partagez avec les fidèles qui sont dans le besoin, pratiquez l'hospitalité avec empressement. Bénissez ceux qui vous persécutent ; souhaitez-leur du bien, et non pas du mal. Soyez joyeux avec ceux qui sont dans la joie, pleurez avec ceux qui pleurent. Soyez bien d'accord les uns avec les autres ; n'ayez pas le goût des grandeurs, mais laissez-vous attirer par ce qui est humble. Ne vous fiez pas à votre propre jugement. Ne rendez à personne le mal pour le mal, appliquez-vous à bien agir aux yeux de tous les hommes. Autant que possible, pour ce qui dépend de vous, vivez en paix avec tous les hommes.

Romains 12, 1-2.9-18

Dans cette épître, Paul appelle les chrétiens de Rome à bien comprendre ce qu'est la sainteté véritable. Cette jeune communauté rassemble des juifs convertis et des païens devenus chrétiens. Cela crée quelques tensions et conflits – les premiers défendent les coutumes et la loi de Moïse, les seconds ont sans doute quelques difficultés à abandonner leurs pratiques païennes.

Paul explique qu'il s'agit d'abord de vivre la vérité de l'amour, en Jésus Christ. Les traditions, comme la sagesse humaine, ne sont pas l'essentiel. Le seul comportement véritablement sage, c'est d'aimer à la mesure divine qui, on le sait, est « d'aimer sans mesure » !

Cette page magnifique vous propose un véritable programme d'amour conjugal.

Ce que nous dit la foi chrétienne

Le sacrifice consiste à « faire du sacré ».

- Le vrai sacrifice consiste à se donner au Père, dans le Christ.
- Le mariage, don de soi à un(e) autre, est un sacrifice qui plaît à Dieu.

Un nécessaire travail de conversion.

- Il faut avoir l'intelligence du bien, pour faire le bien.
- Il faut « avoir horreur » du mal pour ne pas en devenir complice.

« ***Rivalisez de respect les uns pour les autres.*** »

- L'amour du conjoint est au cœur de la sainteté des époux.
- L'amour n'est jamais violent.

Des questions personnelles

Reportez-vous à votre *Carnet de notes*, page 26.

Notre prière

« Père saint, maintenant que je viens à toi, je parle ainsi, dans le monde, pour qu'ils aient en eux ma joie, et qu'ils en soient comblés. [...] Sanctifie-les dans la vérité : ta parole est vérité. De même que tu m'as envoyé dans le monde, moi aussi, je les ai envoyés dans le monde. Et pour eux je me sanctifie moi-même, afin qu'ils soient, eux aussi, sanctifiés dans la vérité. Je ne prie pas seulement pour ceux qui sont là, mais encore pour ceux qui, grâce à leur parole, croiront en moi. Que tous soient un, comme toi, Père, tu es en moi, et moi en toi. Qu'ils soient un en nous, eux aussi, pour que le monde croie que tu m'as envoyé. Et moi, je leur ai donné la gloire que tu m'as donnée, pour qu'ils soient un comme nous sommes UN : moi en eux, et toi en moi. Qu'ils deviennent ainsi parfaitement un, afin que le monde sache que tu m'as envoyé, et que tu les as aimés comme tu m'as aimé. Père, ceux que tu m'as donnés, je veux que là où je suis, ils soient eux aussi avec moi, et qu'ils contemplent ma gloire, celle que tu m'as donnée parce que tu m'as aimé avant la fondation du monde. Père juste, le monde ne t'a pas connu, mais moi je t'ai connu, et ceux-ci ont reconnu que tu m'as envoyé. Je leur ai fait connaître ton nom, et je le ferai connaître, pour que l'amour dont tu m'as aimé soit en eux, et que moi aussi, je sois en eux. »

Jean 17, 13.17-26

22 - Le pardon mutuel

Pierre s'approcha de Jésus pour lui demander : « Seigneur, lorsque mon frère commettra des fautes contre moi, combien de fois dois-je lui pardonner ? Jusqu'à sept fois ? » Jésus lui répondit : « Je ne te dis pas jusqu'à sept fois, mais jusqu'à soixante-dix fois sept fois. Ainsi, le royaume des Cieux est comparable à un roi qui voulut régler ses comptes avec ses serviteurs. Il commençait, quand on lui amena quelqu'un qui lui devait dix mille talents (c'est-à-dire soixante millions de pièces d'argent). Comme cet homme n'avait pas de quoi rembourser, le maître ordonna de le vendre, avec sa femme, ses enfants et tous ses biens, en remboursement de sa dette. Alors, tombant à ses pieds, le serviteur demeurait prosterné et disait : "Prends patience envers moi, et je te rembourserai tout." Saisi de compassion, le maître de ce serviteur le laissa partir et lui remit sa dette. Mais, en sortant, ce serviteur trouva un de ses compagnons qui lui devait cent pièces d'argent. Il se jeta sur lui pour l'étrangler, en disant : "Rembourse ta dette !" Alors, tombant à ses pieds, son compagnon le suppliait : "Prends patience envers moi, et je te rembourserai." Mais l'autre refusa et le fit jeter en prison jusqu'à ce qu'il ait remboursé ce qu'il devait. Alors le maître le fit appeler et lui dit : "Serviteur mauvais ! Je t'avais remis toute cette dette parce que tu m'avais supplié. Ne devais-tu pas, à ton tour, avoir pitié de ton compagnon, comme moi-même j'avais eu pitié de toi ?" Dans sa colère, son maître le livra aux bourreaux jusqu'à ce qu'il eût remboursé tout ce qu'il devait.
C'est ainsi que mon Père du ciel vous traitera, si chacun de vous ne pardonne pas à son frère du fond du cœur. »

Matthieu 18, 21-30.32-35

La parabole n'est jamais une « histoire à morale », comme pourrait l'être, par exemple, une fable de La Fontaine. La parabole est une histoire de la vie courante qui contient une révélation, cachée, sur la façon dont Dieu sauve les hommes et la façon dont ces derniers acceptent ou refusent le Salut de Dieu. Elle est toujours anonyme et met en scène le Père (ici, le roi), parfois le Fils puis vous et moi (ici, les serviteurs du Roi).

Dix mille talents, c'est environ le salaire annuel de 300000 ouvriers ! Être condamné à tout rembourser… c'est être condamné à perpétuité. L'enjeu est colossal.
Dans une parabole, il faut se laisser interpeller par ce qui est bizarre ou choquant. Par exemple, dans cette parabole, le Roi remet une dette… et la rétablit ! C'est injuste. Qu'est-ce que cela veut donc dire ?
Pour entendre au fond de son cœur la révélation que contient une parabole, il peut être plus important de la prier que de chercher à l'interpréter.

Ce que nous dit la foi chrétienne

Une question de dettes ?

- En se fermant à l'amour de Dieu, l'homme se rend « débiteur » de l'amour qu'il lui a donné.
- On se rend « débiteur » de l'amour de Dieu en péchant contre son conjoint.
- Jésus nous enseigne qu'il n'y a pas de commune mesure entre les deux dettes.

L'enseignement, la célébration et le vécu.

- Jésus enseigne le lien qui lie profondément le pardon de Dieu et le pardon mutuel.
- Nous célébrons le pardon de Dieu, qui est déjà donné, en recevant le sacrement de Réconciliation.
- Nous vivons et nous témoignons du pardon de Dieu en pardonnant à nos frères.

Un enjeu essentiel.

- La preuve que l'on croit au pardon de Dieu, c'est de pardonner sans mesure aux autres.
- Refuser de pardonner peut être un chemin de perdition.
- Le pardon mutuel est au cœur de la vie de couple.

Des questions personnelles

Reportez-vous à votre *Carnet de notes*, page 27.

Notre prière

La mesure que nous utilisons pour les autres sera utilisée pour nous.

Notre Père, qui es aux cieux…

23 - Priez sans vous lasser

Voyant les foules, Jésus gravit la montagne. Il s'assit, et ses disciples s'approchèrent de lui. Alors, ouvrant la bouche, il les enseignait. Il disait : Toi, quand tu pries, retire-toi dans ta pièce la plus retirée, ferme la porte, et prie ton Père qui est présent dans le secret ; ton Père qui voit dans le secret te le rendra.
Lorsque vous priez, ne rabâchez pas comme les païens : ils s'imaginent qu'à force de paroles ils seront exaucés. Ne les imitez donc pas, car votre Père sait de quoi vous avez besoin, avant même que vous l'ayez demandé. Vous donc, priez ainsi : Notre Père, qui es aux cieux, que ton nom soit sanctifié, que ton règne vienne, que ta volonté soit faite sur la terre comme au ciel. Donne-nous aujourd'hui notre pain de ce jour. Remets-nous nos dettes, comme nous-mêmes nous remettons leurs dettes à nos débiteurs. Et ne nous laisse pas entrer en tentation, mais délivre-nous du Mal.
Car, si vous pardonnez aux hommes leurs fautes, votre Père céleste vous pardonnera aussi. Mais si vous ne pardonnez pas aux hommes, votre Père non plus ne pardonnera pas vos fautes.

Matthieu 5,1-2. 6, 7-15

Notons dès le départ que saint Matthieu utilise le mot « dettes » quand nous parlons d'offenses, en pleine cohérence avec ce que nous avions vu lors de notre rendez-vous précédent.
Jésus nous apprend à prier, et le Notre Père est « la » prière du chrétien puisque c'est Jésus lui-même qui nous l'a donnée. Cette prière est présente dans toutes les liturgies de l'Église. Vous la direz au cours de la célébration de votre mariage.
Toutes les demandes sont de formes « passive », c'est-à-dire que nous demandons à Dieu d'agir lui-même : sanctifie ton nom, fais advenir ton règne, mets en œuvre ton plan d'amour… Et dire en vérité cette prière suppose de vouloir coopérer activement à ce que Dieu fait, parce qu'il nous donne de le faire. En particulier pour le pardon : nous ne lui demandons pas de nous apprendre à pardonner, mais de nous pardonner « comme » nous pardonnons. La prière est très engageante.
Noter que l'on ne prie pas pour ne pas être tenté, mais pour ne pas entrer en tentation, ce qui est un acte libre de l'homme. Quelle force contre l'Adversaire nous donne la prière !

Ce que nous dit la foi chrétienne

Rabâcher ou prier ?

- Rabâcher, c'est demander à Dieu les biens que je veux qu'il me donne.
- Prier, c'est demander à Dieu les biens qu'il veut me donner.
- Les biens que Dieu veut me donner sont les biens qu'il a promis.
- L'Écriture c'est ce que Dieu fait et ce qu'il promet.

La pièce la plus retirée

- Il est bien d'avoir chez soi un « coin prière » pour chacun et pour tous.
- Pour prier, il faut « descendre » au fond de son cœur, là où Dieu m'attend.
- Pour entrer en prière, il faut du calme et « faire silence ».

Une relation intime avec Dieu ?

- Il y a des temps de prière personnelle et des temps de prière communautaire.
- Tout ce que l'homme croit, célèbre et vit en vérité est prière.
- La prière « rassemble » toute la vie chrétienne.

Des questions personnelles

Reportez-vous à votre *Carnet de notes*, page 28.

Notre prière

Si vous le voulez bien, vivez ensemble une prière silencieuse
Donnez-vous un quart d'heure ? Une demi-heure ? N'ayez pas peur !

Je fais le signe de la croix.
Je fais un acte de foi qui est un acte d'amour.
Je crois que tu es là Jésus et que tu m'aimes.
Grâce à l'évangile que nous avons médité,
je contemple Jésus.
Je « vois » Jésus qui me parle et je l'écoute
avec attention en relisant intérieurement
ce qu'il me dit, dans la page d'évangile.
Je fais alors un « grand silence » en moi, pour
lui lasser faire ce qu'il veut en moi.
Je ne cherche pas des sensations, je me mets
simplement à la disposition de son amour.
Je comprendrai, peut-être…
ce qui s'est passé.
Je prie pour mon futur conjoint.
Je demande quelque chose de précis.
Je dis à Jésus ce que je vais faire, avec lui,
pour mon futur conjoint.
Jésus, je vais faire cela… pour N.,
pour l'aimer davantage.

Faire le point

Au cours de cette étape, vous avez peut-être découvert, ou mieux compris, des aspects fondamentaux de toute vie de couple.

La vie, qu'on le veuille ou non, est une alliance entre la grâce de Dieu, les dons de Dieu, et la liberté humaine. L'être et la vie sont des dons de Dieu.
La fécondité et la beauté d'une vie de couple dépend de l'harmonie de cette alliance.

La grâce est toujours première, si bien que notre vie n'est qu'une libre réponse aux dons de Dieu. Ignorer ou refuser la grâce de Dieu est une libre réponse aux dons de Dieu.
Dieu n'abandonne jamais, parce qu'il aime infiniment toutes ses créatures, mais il ne force personne parce qu'une réponse d'amour à un don d'amour ne peut qu'être libre.

« *Forces qui sortent du corps du Christ, toujours vivant et vivifiant ; actions de l'Esprit Saint qui agit dans son Corps qui est l'Église, les sacrements sont les chefs-d'œuvre de Dieu dans l'Alliance nouvelle et éternelle* ». (Catéchisme de l'Église Catholique)

Les deux sacrements de la vie du baptisé-confirmé, ce sont l'eucharistie et la réconciliation. Il n'y a pas de vie chrétienne accomplie sans la réception de ces sacrements.

Les couples mariés à l'Église ont une part propre de responsabilité dans la construction du Corps du Christ qu'est l'Église. En particulier, ils sont les seuls responsables de l'éducation chrétienne de leurs enfants.

Peut-être est-il important que vous preniez un temps à deux pour prendre des décisions qui vous engageront dès le début de votre vie de mariés.

Textes complémentaires

Parmi les textes que vous pourrez choisir pour la célébration de votre mariage, les deux lettres ci-dessous nous révèlent ce qu'est le véritable amour, qui se manifeste dans les actes.

Éloge du véritable amour

Frères, [parmi les dons de Dieu,] recherchez donc avec ardeur les dons les plus grands. Et maintenant, je vais vous indiquer le chemin par excellence. J'aurais beau parler toutes les langues des hommes et des anges, si je n'ai pas la charité, s'il me manque l'amour, je ne suis qu'un cuivre qui résonne, une cymbale retentissante. J'aurais beau être prophète, avoir toute la science des mystères et toute la connaissance de Dieu, j'aurais beau avoir toute la foi jusqu'à transporter les montagnes, s'il me manque l'amour, je ne suis rien. J'aurais beau distribuer toute ma fortune aux affamés, j'aurais beau me faire brûler vif, s'il me manque l'amour, cela ne me sert à rien. L'amour prend patience ; l'amour rend service ; l'amour ne jalouse pas ; il ne se vante pas, ne se gonfle pas d'orgueil ; il ne fait rien d'inconvenant ; il ne cherche pas son intérêt ; il ne s'emporte pas ; il n'entretient pas de rancune ; il ne se réjouit pas de ce qui est injuste, mais il trouve sa joie dans ce qui est vrai ; il supporte tout, il fait confiance en tout, il espère tout, il endure tout. L'amour ne passera jamais.

1 Corinthiens 12, 31 – 13, 8a

Aimer en actes et en vérité

Petits enfants, n'aimons pas en paroles ni par des discours, mais par des actes et en vérité. Voilà comment nous reconnaîtrons que nous appartenons à la vérité, et devant Dieu nous apaiserons notre cœur ; car si notre cœur nous accuse, Dieu est plus grand que notre cœur, et il connaît toutes choses. Bien-aimés, si notre cœur ne nous accuse pas, nous avons de l'assurance devant Dieu. Quoi que nous demandions à Dieu, nous le recevons de lui, parce que nous gardons ses commandements, et que nous faisons ce qui est agréable à ses yeux. Or, voici son commandement : mettre notre foi dans le nom de son Fils Jésus-Christ, et nous aimer les uns les autres comme il nous l'a commandé. Celui qui garde ses commandements demeure en Dieu, et Dieu en lui ; et voilà comment nous reconnaissons qu'il demeure en nous, puisqu'il nous a donné part à son Esprit.

1 Jean 3, 18-24

Quatrième étape

Dieu nous envoie en mission

Quatrième étape

Pour certains, cette quatrième étape sera la dernière avant la célébration de leur mariage. Pour d'autres, elle sera une première étape dans leur existence chrétienne de jeunes mariés. Quoi qu'il en soit, vous êtes maintenant invités à vous projeter dans l'avenir. Vous n'êtes plus dans la préparation de la célébration, mais dans la réflexion sur votre vie de couple. Cette étape est évidemment très importante. Vous allez y prendre des décisions qui compteront pour l'avenir. Vous allez continuer et approfondir encore votre dialogue. Vous allez prier ! Trois excellentes habitudes à prendre, dès le début de votre vie conjugale.

Bonne route et bonne fête !

Dieu nous confie les uns aux autres

- 24 -
LA RESPONSABILITÉ DES CONJOINTS

- 25 -
LA RESPONSABILITÉ DES PARENTS

- 26 -
HONORE TON PÈRE ET TA MÈRE

La famille est la première école de l'être homme dans ses différents aspects.

Lettre aux familles (Saint Jean-Paul II)

24 - La responsabilité des conjoints

Puisque vous avez été choisis par Dieu, que vous êtes sanctifiés, aimés par lui, revêtez-vous de tendresse et de compassion, de bonté, d'humilité, de douceur et de patience. Supportez-vous les uns les autres, et pardonnez-vous mutuellement si vous avez des reproches à vous faire. Le Seigneur vous a pardonné : faites de même. Par-dessus tout cela, ayez l'amour, qui est le lien le plus parfait.

Colossiens 3, 12-14

Colosses est une petite ville située à l'est d'Éphèse, dans la Turquie actuelle. À l'époque où Paul écrit aux chrétiens de Colosses, leur communauté se laisse aller à une tendance classique mais fâcheuse : elle ne rejette pas le Christ, mais elle ne lui accorde pas un attachement total.

Paul s'adresse avec vigueur à ces hommes et ces femmes, nouvellement évangélisés. Il ne mâche pas ses mots pour les inciter à aimer la personne de Jésus, à vivre avec lui dans une relation personnelle plutôt que de célébrer un culte distant. Greffés sur l'amour du Christ, ils pourront alors vivre comme lui et se comporter vis-à-vis des frères comme il l'a fait lui-même.

Paul écrit que nous nous aimerons vraiment si, et seulement si, nous sommes animés des mêmes dispositions d'âme que le Seigneur. C'est vrai, y compris entre deux époux. Il nous demande de vivre cela, parce que le mariage nous en donne la grâce.

Si vous regardez la suite de ce texte, vous verrez que Paul parle du comportement des époux entre eux, de celui des parents envers les enfants. Il emploie des termes semblables à ceux que vous avez médités dans l'épître aux Éphésiens.

Ce que nous dit la foi chrétienne

Dans le mariage, chacun accepte d'être responsable de l'autre.

- Dieu confie la femme à son époux, et l'homme à son épouse.
- Le mariage consiste à aimer et à se laisser aimer.

Aimer l'autre en vue de son bien.

- La bonté consiste à vouloir le bien de l'autre, sans le confondre avec le sien.
- La tendresse est une aptitude à voir ce qui blesse l'autre.

L'ultime don : le pardon.

- Le pardon donné libère celui qui a fait le mal.
- Le pardon est au cœur de la vie conjugale.

Des questions personnelles

Reportez-vous à votre *Carnet de notes*, page 30.

Notre prière

Pour notre future vie conjugale.

R/ Seigneur, entends la prière qui monte de nos cœurs.

Elle
Seigneur, tu as voulu que l'homme soit le serviteur de son épouse : donne à P. de vivre dans la charité sa vocation d'époux.

Lui
Seigneur, tu as voulu que la femme soit une aide qui corresponde à l'homme : donne à N. d'être, par sa tendresse et sa pureté, la joie de sa maison.

Elle
Seigneur, ton Église a été tirée de ton côté transpercé : donne à P. de se sacrifier pour moi et pour les siens.

Lui
Seigneur, ton Église ne cesse de se recevoir de toi dans l'eucharistie : donne à N. de vivre en plénitude sa vocation d'épouse.

Ensemble
Seigneur, tu ne cesses de nous pardonner : donne-nous de nous pardonner mutuellement chaque fois qu'il le faudra.

Puis, en vous donnant la main
Notre Père, qui es aux cieux…

25 - La responsabilité des parents

Chaque année, les parents de Jésus se rendaient à Jérusalem pour la fête de la Pâque. Quand il eut douze ans, ils montèrent en pèlerinage suivant la coutume. À la fin de la fête, comme ils s'en retournaient, le jeune Jésus resta à Jérusalem à l'insu de ses parents. Pensant qu'il était dans le convoi des pèlerins, ils firent une journée de chemin avant de le chercher parmi leurs parents et connaissances. Ne le trouvant pas, ils retournèrent à Jérusalem, en continuant à le chercher. C'est au bout de trois jours qu'ils le trouvèrent dans le Temple, assis au milieu des docteurs de la Loi : il les écoutait et leur posait des questions, et tous ceux qui l'entendaient s'extasiaient sur son intelligence et sur ses réponses. En le voyant, ses parents furent frappés d'étonnement, et sa mère lui dit : « Mon enfant, pourquoi nous as-tu fait cela ? Vois comme ton père et moi, nous avons souffert en te cherchant ! » Il leur dit : « Comment se fait-il que vous m'ayez cherché ? Ne saviez-vous pas qu'il me faut être chez mon Père ? » Mais ils ne comprirent pas ce qu'il leur disait. Il descendit avec eux pour se rendre à Nazareth, et il leur était soumis. Sa mère gardait dans son cœur tous ces événements. Quant à Jésus, il grandissait en sagesse, en taille et en grâce, devant Dieu et devant les hommes.

Luc 2, 41-52

Trois fois par an, les Juifs se rendaient en pélerinage au Temple de Jérusalem. Après la fête, les familles se reconstituaient, on se saluait, chacun partant ensuite vers son village. Il n'y a donc aucune négligence de la part des parents de Jésus et Jésus n'a pas voulu laisser ses parents dans l'inquiétude.
La filiation divine de leur enfant est, pour Marie et Joseph, un grand mystère. Ils vont avoir, durant toutes les années qui séparent cet épisode du jour où Jésus commencera sa « vie publique », à s'ouvrir à la vocation et à la mission de Jésus, leur fils.
Les trois jours rappellent précisément le temps qui s'est écoulé entre la mort et la résurrection de Jésus. Il faut passer par le mystère pascal pour comprendre que Jésus est véritablement chez lui quand il se trouve dans le Temple, puisqu'il y est chez son Père.

Ce que nous dit la foi chrétienne

« ***Comment se fait-il que vous m'ayez cherché ?*** »

- Les parents élèvent leur enfant pour qu'il les quitte un jour.
- La maturité consiste à être capable de se donner à un autre.

« ***Il descendit avec eux à Nazareth, et il leur était soumis.*** »

- Les parents sont les premiers responsables de l'éducation de leur enfant.
- L'éducation chrétienne des enfants se fait d'abord en famille.

Le père et la mère de l'enfant.

- L'enfant a besoin d'un père et d'une mère pour grandir.
- Des parents qui s'aiment sont un bien précieux pour les enfants.

Des questions personnelles

Reportez-vous à votre *Carnet de notes*, page 31.

Notre prière

Pour mettre en Dieu notre confiance.

R/ Heureux l'homme qui met sa foi dans le Seigneur !

Heureux qui craint le Seigneur
et marche selon ses voies !

Tu te nourriras du travail de tes mains :
Heureux es-tu ! À toi, le bonheur !

Ta femme sera dans ta maison
comme une vigne généreuse,
et tes fils, autour de la table,
comme des plants d'olivier.

Voilà comment sera béni
l'homme qui craint le Seigneur.

De Sion, que le Seigneur te bénisse !
Tu verras le bonheur de Jérusalem
tous les jours de ta vie,
et tu verras les fils de tes fils.

Psaume 127

26 - Honore ton père et ta mère

Vous, les enfants, obéissez à vos parents dans le Seigneur, car c'est cela qui est juste : Honore ton père et ta mère, c'est le premier commandement qui soit assorti d'une promesse : ainsi tu seras heureux et tu auras longue vie sur la terre. Et vous, les parents, ne poussez pas vos enfants à la colère, mais élevez-les en leur donnant une éducation et des avertissements inspirés par le Seigneur.

Éphésiens 6, 1-4

Ce texte fait suite à celui de la page 66, à propos duquel vous avez réfléchi sur votre vocation baptismale. L'ensemble du chapitre de cette épître constitue un enseignement sur la vie de famille. Il serait bon que vous puissiez le relire dans votre *Nouveau Testament*.

L'auteur de la *Lettre aux Éphésiens* rappelle le commandement qui consiste à honorer ses parents. Vous le trouverez dans le livre du Deutéronome (chapitre 5, versets 6 à 21). À cette occasion, profitez-en pour relire les « dix paroles sacrées », la loi de liberté que Dieu a donnée à Israël.

Dans l'évangile selon saint Marc, nous entendons Jésus critiquer sévèrement les Pharisiens qui préfèrent déclarer « offrande sacrée » les biens qui étaient nécessaires pour subvenir aux besoins matériels de leurs parents (Marc 7, 6-13). Le Christ explique très concrètement ce qu'« honorer » veut dire, et aussi combien ce « sacrifice »-là plaît au Seigneur.

Dans le court passage qui vous est proposé, on remarquera le lien entre le respect de ses propres parents et la façon dont on éduque ses enfants. Cette constatation peut être objet de réflexion, et pourquoi pas de conversion…

Ce que nous dit la foi chrétienne

« ***Ainsi tu seras heureux et tu auras longue vie sur la terre.*** »

- C'est rendre service à l'enfant que de se faire respecter.
- Le père et la mère doivent être des modèles de respect mutuel.
- Les parents doivent honorer leurs propres parents.

« ***Ne poussez pas à bout vos enfants.*** »

- Les parents sont au service de l'enfant et non l'inverse.
- On dresse un animal, on éduque un enfant.
- L'éducation vraie est une éducation à la liberté.

Quand surviennent les incompréhensions.

- Les parents peuvent demander pardon à leurs enfants.
- Les familles disloquées sont source de souffrance et souvent de violence.

Des questions personnelles

Reportez-vous à votre *Carnet de notes*, page 32.

Notre prière

Pour notre future famille.

Jésus, notre modèle, Jésus, notre Sauveur !

Tu as aimé tes parents et tes parents
t'aimaient : établis les familles
dans la paix et dans l'amour.

Tu as voulu te soumettre à Marie
et à Joseph : enseigne aux enfants la valeur
de l'obéissance et du respect.

Tes parents t'ont retrouvé dans la maison
du Père : apprends aux familles à chercher
d'abord le royaume de Dieu.

Tu as grandi en âge et en grâce
dans ta famille de Nazareth :
donne aux parents d'être des éducateurs
attentifs et aimants.

Tu as été reconnu comme le fils
du charpentier : donne-nous ton courage
et ton amour du travail.

Tu as fait partager ta gloire éternelle,
à Marie et à Joseph : fais entrer tous ceux
qui nous ont quittés dans la famille des saints.

Dieu nous envoie dans le monde

– 27 –
ENVOYÉS POUR TÉMOIGNER

– 28 –
AU MILIEU DES ÉPREUVES

– 29 –
AVEC UN AMOUR ORDONNÉ

La famille est le centre et le cœur de la civilisation de l'amour.

Lettre aux familles (Saint Jean-Paul II)

27 - Envoyés pour témoigner

Comme les disciples s'étaient rassemblés autour de Jésus, sur la montagne, il leur disait : « Vous êtes le sel de la terre. Mais si le sel devient fade, comment lui rendre de la saveur ? Il ne vaut plus rien : on le jette dehors et il est piétiné par les gens. Vous êtes la lumière du monde. Une ville située sur une montagne ne peut être cachée. Et l'on n'allume pas une lampe pour la mettre sous le boisseau ; on la met sur le lampadaire, et elle brille pour tous ceux qui sont dans la maison. De même, que votre lumière brille devant les hommes : alors, voyant ce que vous faites de bien, ils rendront gloire à votre Père qui est aux cieux. »

Matthieu 5, 13-16

Nous retrouvons le Discours sur la montagne qui commence avec les Béatitudes (voir p. 76) et se termine avec la parabole de la maison fondée sur le roc (voir p. 78). Ce discours est comme le carnet de route du chrétien.

S'appuyant sur deux comparaisons très quotidiennes, Jésus enseigne ici à ses disciples le devoir impérieux du témoignage.

Le sel est doublement utile : d'une part, il donne de la saveur aux aliments, même en très faible quantité, d'autre part, il permet de les conserver pendant longtemps, « une éternité » pourrait-on dire. Appliquées à la vie chrétienne, ces deux qualités ont aussi une double résonance. La grâce baptismale n'est pas à usage « privé », elle nous est donnée pour la répandre dans le monde, tout comme elle est en nous pour nous « conserver » pour toujours dans l'amour de Dieu – c'est d'ailleurs le sens de l'ancien rite du sel que l'on déposait sur la langue du baptisé.

Quant à la lumière, on sait bien que dans le pays de Jésus, les maisons ont peu d'ouvertures, pour se protéger du soleil mais aussi du froid. La pénombre y règne… tout le jour. La lampe est donc indispensable à la vie domestique.

Aujourd'hui, on allume parfois une bougie au moment de la prière familiale, symbole de la lumière de Dieu, indispensable à une vie d'amour. Mais Jésus fait ici un enseignement tout à fait nouveau : « Vous êtes la lumière du monde. » Il ne s'agit plus seulement de se laisser illuminer par Dieu. Il faut éclairer nos frères…

Ce que nous dit la foi chrétienne

« ***Si le sel se dénature, comment redeviendra-t-il du sel ?*** »

- Les chrétiens ont le grave devoir de donner l'exemple d'une vie sainte.
- Les chrétiens sont appelés à être témoins du Christ dans le monde.

La responsabilité du chrétien dans le monde.

- Le chrétien aime le monde dans lequel il est envoyé.
- Il est témoin de la miséricorde de Dieu et du pardon mutuel.

On ne peut donner que ce que l'on a reçu.

- L'enseignement de l'Église et les sacrements sont nécessaires aux laïcs.
- Les prêtres et les diacres sont au service des fidèles laïcs.
- La fécondité de la mission est un fruit de la communion des laïcs et des pasteurs.

Des questions personnelles

Reportez-vous à votre *Carnet de notes*, page 33.

Notre prière

Pour appeler la protection de Dieu.

R/ Seigneur, que ton amour soit sur nous,
comme notre espoir est en toi.

Heureux le peuple
dont le Seigneur est le Dieu,
heureuse la nation
qu'il s'est choisie pour domaine !
Du haut des cieux, le Seigneur regarde :
il voit la race des hommes.

Dieu veille sur ceux qui le craignent,
qui mettent leur espoir en son amour.
Nous attendons notre vie du Seigneur :
il est pour nous un appui, un bouclier.

La joie de notre cœur vient de lui,
notre confiance est dans son nom très saint.

Que ton amour, Seigneur, soit sur nous
comme notre espoir est en toi !

Psaume 32, 12-13.18.20-22

28 - Au milieu des épreuves

Frères, si Dieu est pour nous, qui sera contre nous ? Il n'a pas épargné son propre Fils, mais il l'a livré pour nous tous : comment pourrait-il, avec lui, ne pas nous donner tout ? Qui accusera ceux que Dieu a choisis ? Dieu est celui qui rend juste : alors, qui pourra condamner ? Le Christ Jésus est mort ; bien plus, il est ressuscité, il est à la droite de Dieu, il intercède pour nous : alors, qui pourra nous séparer de l'amour du Christ ? la détresse ? l'angoisse ? la persécution ? la faim ? le dénuement ? le danger ? le glaive ? En effet, il est écrit : C'est pour toi qu'on nous massacre sans arrêt, qu'on nous traite en brebis d'abattoir. Mais, en tout cela nous sommes les grands vainqueurs grâce à celui qui nous a aimés. J'en ai la certitude : ni la mort ni la vie, ni les anges ni les Principautés célestes, ni le présent ni l'avenir, ni les Puissances, ni les hauteurs, ni les abîmes, ni aucune autre créature, rien ne pourra nous séparer de l'amour de Dieu qui est dans le Christ Jésus notre Seigneur.

Romains 8, 31b-39

Tant que nous vivons ici-bas, un combat terrible se joue entre le bien et le mal, la vie et la mort, la souffrance et le bonheur. Nous sommes l'enjeu de ce combat dont l'issue ne fait aucun doute : le Christ est victorieux. Certes, les souffrances de ce monde sont bien réelles, mais que sont-elles à côté de la gloire qui nous attend ?

Les iniquités, les mensonges, les péchés de ce monde ne peuvent rien contre la justice de Dieu. Même le péché, qui continue à nous faire souffrir, ne peut nous submerger, puisque la mort et la résurrection du Christ nous en ont libérés. Jésus, qui est à la droite du Père, intercède sans cesse pour nous.

La vie n'est pas un long fleuve tranquille, la vie chrétienne ne prétend pas l'être davantage. Mais elle peut être animée d'une profonde joie, précisément grâce à l'espérance que Paul nous enseigne : rien ne peut séparer de son amour ceux que le Christ a appelés, et à qui il a donné sa propre gloire.

Ce que nous dit la foi chrétienne

La joie du mariage n'est pas une joie naïve.

- La souffrance marque toutes les familles, sans exception.
- Il peut arriver que des chrétiens soient amenés à faire des choix héroïques.

Le chrétien sait en qui il a mis sa foi.

- Les malheurs peuvent amener l'homme à douter de l'amour de Dieu.
- Jésus est venu pour s'unir à l'humanité souffrante, par amour.

La souffrance peut être féconde.

- Jésus, parce qu'il a aimé jusqu'au bout, a vaincu la mort.
- La souffrance de l'homme, vécue avec amour, participe à la victoire du Christ.

Des questions personnelles

Reportez-vous à votre *Carnet de notes*, page 34.

Notre prière

Pour tel ou tel de notre entourage.

R/ Seigneur, souviens-toi de tes frères qui souffrent.

Marie et Joseph ont fui en Égypte
pour échapper à Hérode :
– souviens-toi, Seigneur, de ceux
qui sont exilés ou sans maison.

Hérode a massacré les saints innocents :
– souviens-toi, Seigneur, des femmes
qui sont victimes de l'avortement.

Tu as été charpentier avec ton père :
– souviens-toi, Seigneur, de ceux
qui cherchent du travail.

Tu as ressuscité la fille de Jaïre :
– souviens-toi, Seigneur,
de ceux qui ont perdu un enfant.

Judas t'a livré à ceux qui t'ont crucifié :
– souviens-toi, Seigneur, de ceux
dont l'amour est trahi.

Tu es mort sur la Croix :
– souviens-toi, Seigneur,
de ceux qui sont morts.

29 - Avec un amour ordonné

Un docteur de la Loi posa une question à Jésus pour le mettre à l'épreuve : « Maître, dans la Loi, quel est le grand commandement ? » Jésus lui répondit : « Tu aimeras le Seigneur ton Dieu de tout ton cœur, de toute ton âme et de tout ton esprit. Voilà le grand, le premier commandement. Et le second lui est semblable : Tu aimeras ton prochain comme toi-même. De ces deux commandements dépend toute la Loi, ainsi que les Prophètes. »

Matthieu 22, 35-40

Jésus est à Jérusalem. Désormais, l'étau se resserre autour de lui. Ses adversaires cherchent, par tous les moyens, à le faire tomber dans leurs pièges pour pouvoir l'accuser d'hérésie et de blasphème. Le moyen le plus subtil est bien sûr de l'interroger sur son interprétation de la Loi. Or, Jésus sait très bien que ses interrogateurs cherchent à le compromettre gravement plutôt qu'à connaître la vérité, mais il ne se dérobe pas et leur répond de façon à toujours leur faire entendre la vérité de l'Écriture.

Ici, dans sa réponse à la question du docteur de la Loi, Jésus « n'invente » rien. Il reprend simplement – oserait-on dire – deux commandements essentiels dans la vie du croyant.

L'un du Décalogue, le premier des Dix Paroles (Deutéronome 6, 5), l'autre de la « loi de sainteté » qui régit toute la vie de la communauté juive (Lévitique 19, 18).

Avec une insistance remarquable, Jésus met sur le même plan l'amour que l'on doit à Dieu et l'amour que l'on doit au prochain, faisant de cette dualité la condition de la fidélité à l'Écriture.

Au moment où ses adversaires veulent le mettre à mort sous le faux prétexte de leur zèle pour Dieu, Jésus les renvoie au commandement de l'amour du prochain. Or, il est lui, Jésus de Nazareth, non seulement leur prochain, mais ce Dieu qu'ils ne veulent pas reconnaître.

Ce que nous dit la foi chrétienne

Aimer Dieu en premier.

- Aimer Dieu, cela suppose de cultiver sa foi.
- Celui qui aime Dieu se laisse aimer par lui, et donc vit des sacrements.

Il faut s'aimer soi-même.

- Celui qui se sait aimé de Dieu ne peut que s'aimer soi-même.
- Celui qui ne s'aime pas est incapable d'aimer les autres.

Aimer le prochain.

- Le prochain est celui dont on se fait proche, par amour.
- Il est illusoire de prétendre aimer les autres si on n'aime pas les siens.

Des questions personnelles

Reportez-vous à votre *Carnet de notes*, page 35.

Notre prière

Vers celui qui est la source de notre amour.

R/ Béni sois-tu, Seigneur, Dieu de tendresse et d'amour !

Le Seigneur est tendresse et pitié,
lent à la colère et plein d'amour ;
la bonté du Seigneur est pour tous,
sa tendresse, pour toutes ses œuvres.

Que tes œuvres, Seigneur,
te rendent grâce
et que tes fidèles te bénissent !

Les yeux sur toi, tous, ils espèrent :
tu leur donnes la nourriture au temps voulu.

Le Seigneur est juste en toutes ses voies,
fidèle en tout ce qu'il fait.
Il est proche de ceux qui l'invoquent,
de tous ceux qui l'invoquent en vérité.

Psaume 144, 8-10.15.17-18

Textes complémentaires

Vivre dans l'Esprit du Christ

Frères, nous les forts, nous devons porter la fragilité des faibles, et non pas faire ce qui nous plaît. Que chacun de nous fasse ce qui plaît à son prochain, en vue du bien, dans un but constructif. Car le Christ n'a pas fait ce qui lui plaisait [...].
Que le Dieu de la persévérance et du réconfort vous donne d'être d'accord les uns avec les autres selon le Christ Jésus. Ainsi, d'un même cœur, d'une seule voix, vous rendrez gloire à Dieu, le Père de notre Seigneur Jésus-Christ. Accueillez-vous donc les uns les autres, comme le Christ vous a accueillis pour la gloire de Dieu. [...]
Que le Dieu de l'espérance vous remplisse de toute joie et de paix dans la foi, afin que vous débordiez d'espérance par la puissance de l'Esprit Saint.

Romains 15,1-3a.5-7.13

Vivre dans la charité

Frères, que demeure l'amour fraternel ! N'oubliez pas l'hospitalité : elle a permis à certains, sans le savoir, de recevoir chez eux des anges. Souvenez-vous de ceux qui sont en prison, comme si vous étiez prisonniers avec eux. Souvenez-vous de ceux qui sont maltraités, car vous aussi, vous avez un corps. Que le mariage soit honoré de tous, que l'union conjugale ne soit pas profanée [...]. Que votre conduite ne soit pas inspirée par l'amour de l'argent : contentez-vous de ce que vous avez, car Dieu lui-même a dit : Jamais je ne te lâcherai, jamais je ne t'abandonnerai. C'est pourquoi nous pouvons dire en toute assurance : Le Seigneur est mon secours, je n'ai rien à craindre !

Hébreux 13, 1-4a.5-6

Garder la joie au cœur

Frères, soyez toujours dans la joie du Seigneur ; je le redis : soyez dans la joie. Que votre bienveillance soit connue de tous les hommes. Le Seigneur est proche. Ne soyez inquiets de rien, mais, en toute circonstance, priez et suppliez, tout en rendant grâce, pour faire connaître à Dieu vos demandes. Et la paix de Dieu, qui dépasse tout ce qu'on peut concevoir, gardera vos cœurs et vos pensées dans le Christ Jésus. Enfin, mes frères, tout ce qui est vrai et noble, tout ce qui est juste et pur, tout ce qui est digne d'être aimé et honoré, tout ce qui s'appelle vertu et qui mérite des éloges, tout cela, prenez le en compte. Ce que vous avez appris et reçu, ce que vous avez vu et entendu de moi, mettez-le en pratique. Et le Dieu de la paix sera avec vous.

Philippiens 4, 4-9

Vivre dans la paix et l'unité

Frères, moi qui suis en prison à cause du Seigneur, je vous exhorte donc à vous conduire d'une manière digne de votre vocation : ayez beaucoup d'humilité, de douceur et de patience, supportez-vous les uns les autres avec amour ; ayez soin de garder l'unité dans l'Esprit par le lien de la paix. Comme votre vocation vous a tous appelés à une seule espérance, de même il y a un seul Corps et un seul Esprit. Il y a un seul Seigneur, une seule foi, un seul baptême, un seul Dieu et Père de tous, au-dessus de tous, par tous, et en tous.

Éphésiens 4, 1-6

La liturgie de notre mariage

L'Église prie comme elle croit, c'est-à-dire que sa prière exprime sa foi. Or la prière de l'Église, c'est la liturgie, celle de la messe mais aussi celle des sacrements et celle qui rythme la vie des monastères… C'est pourquoi, en préparant la liturgie de votre mariage, vous allez vous trouver comme plongés dans la foi de l'Église.

La liturgie est à la fois un acte de l'homme et un acte de Dieu. Si on ne respecte pas le rituel, on risque fort de détourner la liturgie de son véritable sens, et de la réduire à sa seule dimension humaine. Il y a par exemple des textes profanes fort beaux ou poétiques mais la liturgie donne toujours à entendre la parole de Dieu ; ce qui n'exclut pas, d'ailleurs, que ces textes bibliques aient une véritable force poétique…

La liturgie de votre mariage devrait être l'expression de votre foi. C'est pourquoi vous la préparerez en choisissant les textes et certaines formules. Le prêtre (ou le diacre) qui recevra vos consentements, éventuellement votre accompagnateur, pourront vous y aider, mais c'est à vous de le faire.

Ainsi la liturgie de votre mariage, qui sera celle de l'Église, sera aussi la vôtre. Et personne ne saura quelle est la prière qui montera du fond de votre cœur vers Dieu pendant la célébration. Personne… sauf Dieu.

Les pages qui suivent vous permettront de choisir les textes et les formules qui correspondent le mieux à votre propre cheminement spirituel au cours de la préparation que vous êtes en train de vivre.

Pour la liturgie de la Parole, vous choisirez une ou deux lectures, un psaume, et un évangile. Si vous prenez deux lectures, la première sera tirée de l'*Ancien Testament* et la seconde du *Nouveau Testament*.

Vous pouvez recopier sur un bristol les formules que vous avez choisies, pour l'échange des consentements et la remise des alliances, au cas où l'émotion serait trop forte ! Vous l'emporterez avec vous pour la célébration.

La liturgie de la Parole

Après la prière d'ouverture, commence la liturgie de la Parole.

1 – Première lecture

Lue par un membre de l'assemblée.

Lectures de l'Ancien Testament

Lectures du Nouveau Testament

2 – Psaume

Le psaume est chanté ou récité avec un refrain.

3 – Évangile

Après le chant de l'Alléluia, le célébrant proclame l'Évangile.

4 – Homélie

Le prêtre ou le diacre prononce l'homélie.

La liturgie sacramentelle

Dialogue initial avec les futurs époux

Si les deux sont baptisés.
Vous choisirez l'une de ces deux formules.

Première formule

N. et P., vous avez écouté la parole de Dieu qui révèle la grandeur de l'amour humain et du mariage. Vous allez vous engager l'un envers l'autre dans le mariage. Est-ce librement et sans contrainte ?
Les futurs époux (séparément) : Oui.

En vous engageant dans la voie du mariage vous vous promettez amour mutuel et respect. Est-ce pour toute votre vie ?
Les futurs époux (séparément) : Oui (pour toute notre vie).

Êtes-vous prêts à accueillir les enfants que Dieu vous donne et à les éduquer selon l'Évangile du Christ et dans la foi de l'Église ?
Les futurs époux (séparément) : Oui.

On peut ajouter, si cela convient :
Êtes-vous disposés à assumer ensemble votre mission de chrétiens dans le monde et dans l'Église ?
Les futurs époux (ensemble) : Oui.

Deuxième formule

Avec N. et P., nous avons écouté la parole de Dieu, qui révèle la grandeur de l'amour humain et du mariage.

Le mariage suppose que les époux s'engagent l'un envers l'autre librement et sans contrainte, qu'ils se promettent amour mutuel et respect pour toute leur vie, qu'ils accueillent les enfants que Dieu leur donne et les éduquent selon l'Évangile du Christ et la foi de l'Église. N. et P., est-ce bien ainsi que vous voulez vivre dans le mariage ?
Les futurs époux (séparément) : Oui.

On peut ajouter, si cela convient :
Êtes-vous disposés à assumer ensemble votre mission de chrétiens dans le monde et dans l'Église ?
Les futurs époux (ensemble) : Oui.

Dialogue initial avec les futurs époux

Si l'un des deux est catéchumène ou non-baptisé.
Vous choisirez l'une de ces deux formules.

Première formule

N. et P., vous avez écouté la parole de Dieu qui révèle la grandeur de l'amour humain et du mariage. Vous allez vous engager l'un envers l'autre dans le mariage. Est-ce librement et sans contrainte ?
Les futurs époux (séparément) : Oui.

En vous engageant dans la voie du mariage, vous vous promettez amour mutuel et respect. Est-ce pour toute votre vie ?
Les futurs époux (séparément) : Oui (pour toute notre vie).

Dans le foyer que vous allez fonder, acceptez-vous la responsabilité d'époux et de parents ?
Les futurs époux (séparément) : Oui (nous l'acceptons).

Deuxième formule
Avec N. et P., nous avons écouté la parole de Dieu, qui révèle la grandeur de l'amour humain et du mariage.
Le mariage suppose que les époux s'engagent l'un envers l'autre librement et sans contrainte, qu'ils se promettent amour mutuel et respect pour toute leur vie, et acceptent la responsabilité d'époux et de parents.
N. et P., est-ce bien ainsi que vous voulez vivre dans le mariage ?
Les futurs époux (séparément) : Oui.

Échange des consentements

Vous choisirez l'une de ces quatre formules.
Les futurs époux se donnent la main droite, puis échangent leur consentement.

Première formule
Le futur époux : Moi, N., je te reçois P. comme épouse et je te promets de te rester fidèle, dans le bonheur et dans les épreuves, dans la santé et dans la maladie, pour t'aimer tous les jours de ma vie.
La future épouse : Moi, P., je te reçois N. comme époux et je te promets de te rester fidèle, dans le bonheur et dans les épreuves, dans la santé et dans la maladie, pour t'aimer tous les jours de ma vie.

Deuxième formule
Le futur époux : P., veux-tu être ma femme (mon épouse) ?
La future épouse : Oui (je le veux).
Et toi, N., veux-tu être mon mari (mon époux) ?
Le futur époux : Oui (je le veux).
Moi, N., je te reçois P. comme épouse et je serai ton époux. Je te promets de t'aimer fidèlement dans le bonheur et dans les épreuves tout au long de notre vie.
La future épouse : Moi, P., je te reçois N. comme époux et je serai ton épouse. Je te promets de t'aimer fidèlement dans le bonheur et dans les épreuves tout au long de notre vie.

Troisième formule
Le futur époux : P., veux-tu être ma femme (mon épouse) ?
La future épouse : Oui, je veux être ta femme (ton épouse).
Et toi, N., veux-tu être mon mari (mon époux) ?
Le futur époux : Oui, je veux être ton mari (ton époux).
La future épouse : Je te reçois comme époux et je me donne à toi.
Le futur époux : Je te reçois comme épouse et je me donne à toi.
Ensemble : Pour nous aimer fidèlement dans le bonheur et dans les épreuves, et nous soutenir l'un l'autre, tout au long de notre vie.

Quatrième formule

Si vous craignez que l'émotion vous empêche de prononcer l'une des formules précédentes, cette formule peut être utilisée.

N., voulez-vous prendre P. comme épouse, et promettez-vous de lui rester fidèle, dans le bonheur et dans les épreuves, dans la santé et dans la maladie, pour l'aimer tous les jours de votre vie ?
Le futur époux : Oui.
P., voulez-vous prendre N. comme époux, et promettez-vous de lui rester fidèle, dans le bonheur et dans les épreuves, dans la santé et dans la maladie, pour l'aimer tous les jours de votre vie ?
La future épouse : Oui.

Bénédiction et remise des alliances

Vous choisirez parmi ces quatre formules celles que le prêtre ou le diacre prononcera avant la remise des alliances.

Première formule

Que le Seigneur bénisse les alliances que vous allez vous donner l'un à l'autre en signe d'amour et de fidélité.
R/ Amen.

Deuxième formule

Seigneur, bénis les alliances que nous bénissons en ton nom. Donne à N. et P. de se garder l'un à l'autre une entière fidélité : qu'ils demeurent dans la paix en faisant ta volonté, qu'ils vivent toujours dans l'amour mutuel.
R/ Amen.

Troisième formule

Bénis, Seigneur, et sanctifie dans leur amour tes serviteurs N. et P. ; ces alliances sont pour eux signes de fidélité : qu'elles soient aussi le rappel de leur tendresse.
R/ Amen.

Quatrième formule

Seigneur, notre Dieu, toi qui as fait Alliance avec nous par Jésus Christ, bénis maintenant ces alliances : qu'elles soient pour N. et P. le signe de leur fidélité et le rappel de leur amour.
R/ Amen.

Puis vous vous les donnerez l'un à l'autre en disant :
L'époux : P., reçois cette alliance, signe de mon amour et de ma fidélité. (Au nom du Père, et du Fils, et du Saint-Esprit.)
L'épouse : N., reçois cette alliance, signe de mon amour et de ma fidélité. (Au nom du Père, et du Fils, et du Saint-Esprit.)

En signe de reconnaissance pour le don du sacrement de mariage, l'assemblée peut chanter une acclamation, une hymne ou un cantique de louange.

Les prières de notre mariage

Prière des époux

Une fois le sacrement célébré, vous êtes invités à prononcer votre première prière d'époux.
Il est bon de la composer vous-mêmes, éventuellement avec l'aide de votre accompagnateur ou d'un prêtre. Vous la lirez à voix haute, ensemble, lentement, devant toute l'assemblée qui vous entoure.

Même si vous choisissez de ne pas la dire publiquement, écrivez-la tout de même. Dieu vous connaît dans le secret de votre cœur.

Le croyant est toujours exaucé quand il demande ce que le Père veut donner, et ses dons sont innombrables ! Jésus nous le confirme : « Si vous demeurez en moi, et que mes paroles demeurent en vous, demandez tout ce que vous voulez, et cela se réalisera pour vous » (Jean 15, 7).

Rappelez-vous le chemin parcouru et demandez-vous quel don Dieu a préparé pour vous. À ce moment, vous ne prierez… que pour vous ! Ne vous contentez pas de demandes vagues, mais priez le Seigneur qu'il vous accorde tel don qui vous tient à cœur. Votre prière témoignera, auprès de ceux qui vous entourent, de votre foi et de votre espérance.

Prière universelle

Un peu plus tard, dans la célébration, on prononcera cette prière. Comme son nom l'indique, elle manifeste l'ouverture de votre cœur à la dimension de l'humanité.

C'est vous qui devrez l'écrire, éventuellement avec l'aide de ceux qui vous accompagnent. Vous prierez par exemple :

- Pour l'Église. Qu'elle soit fidèle dans sa prédication sur le mariage… Qu'elle soit une aide pour les familles… Que le Seigneur nous donne des prêtres…
- Pour ceux qui nous gouvernent. Qu'ils respectent et protègent la famille, la vie… Les personnes handicapées… Les personnes âgées…
- Pour ceux qui souffrent. Les malades… Les veufs… Les chômeurs… Ceux dont l'amour a été trahi…
- Pour ceux qui seront présents autour de vous, et pour ceux de vos familles qui sont morts.

N'hésitez pas à demander conseil pour la forme…

La prière universelle sera lue par une ou plusieurs personnes que vous aurez choisies. Après chaque intention, l'assemblée pourra reprendre un refrain.

La bénédiction nuptiale

Cette grande prière appelle le don de l'Esprit Saint sur les nouveaux époux. Choisir la bénédiction nuptiale est une nouvelle occasion de dialogue entre vous deux, en regardant le chemin parcouru ensemble. La structure de cette bénédiction est la suivante :

- l'assemblée est invitée à prier,
- un temps de silence s'installe,
- le prêtre ou le diacre prononce la bénédiction choisie, les mains étendues.

Première bénédiction nuptiale

En particulier s'il y a une eucharistie.

Après la formule d'introduction adaptée, le célébrant continue :

Père saint, tu as créé l'homme et la femme pour qu'ils forment ensemble ton image dans l'unité de la chair et du cœur, et accomplissent ainsi leur mission dans le monde.
Afin de révéler le dessein de ta grâce, tu as voulu que l'amour de l'homme et de la femme soit déjà un signe de l'Alliance que tu as conclue avec ton peuple, et tu veux que dans le sacrement de mariage l'union des époux exprime le mystère des noces du Christ et de l'Église. Nous te prions de bénir N. et P., de les prendre sous ta protection, et de mettre en eux la puissance de ton Esprit Saint.
Fais que tout au long de leur vie commune sanctifiée par ce sacrement, ils échangent entre eux les dons de ton amour, et qu'en étant l'un pour l'autre un signe de ta présence, ils deviennent un seul cœur et un seul esprit.
Accorde-leur de pouvoir assurer par leur travail la vie de leur foyer et d'élever leurs enfants selon l'Évangile pour qu'ils fassent partie de ta famille éternellement.
Accorde à P. (l'épouse) la plénitude de ta bénédiction : qu'elle réponde à sa vocation d'épouse et de mère, qu'elle soit par sa pureté de cœur et sa tendresse la joie de sa maison. Accorde aussi ta bénédiction à N. (l'époux) pour qu'il se dévoue à toutes ses tâches d'époux fidèle et de père attentif.
(Et puisqu'ils vont maintenant partager le repas de ton eucharistie,) Père saint, donne-leur à tous deux la joie d'être un jour tes convives au festin de ton Royaume.
Par Jésus, le Christ, notre Seigneur.
Tous : Amen.

Deuxième bénédiction nuptiale

En particulier s'il n'y a pas d'eucharistie.

Après la formule d'introduction adaptée, le célébrant continue :

Dieu tout-puissant, tu as créé toutes choses et dès le commencement tu as ordonné l'univers ; en faisant l'homme et la femme à ton image, tu as voulu que la femme demeure pour l'homme une compagne inséparable et qu'ils ne soient désormais plus qu'un, nous signifiant ainsi de ne jamais rompre l'unité qu'il t'avait plu de créer ; Dieu qui as sanctifié les noces par un si grand mystère que tu en as fait le sacrement de l'Alliance du Christ et de l'Église ; Dieu qui as uni

l'homme et la femme, et qui dès l'origine as béni cette union de la seule bénédiction qui soit demeurée après la peine venue de la faute originelle et la condamnation par le déluge ;
Regarde avec bonté ton serviteur et ta servante N. et P., unis par les liens du mariage et qui demandent le secours de ta bénédiction. Envoie sur eux la grâce de l'Esprit Saint : par ta charité répandue dans leurs cœurs, qu'ils demeurent fidèles à l'alliance conjugale.
Que cette nouvelle mariée soit toute paix et tendresse ; qu'elle se conduise comme les saintes femmes dont l'Écriture fait l'éloge. Que son époux lui donne sa confiance, en reconnaissant qu'elle est son égale, héritière avec lui de la grâce de vie, qu'il la respecte et l'aime toujours, comme le Christ a aimé son Église.
Et maintenant, Seigneur, nous t'en prions : accorde-leur d'être fermes dans la foi et d'aimer tes commandements ; qu'ils se gardent fidèles l'un à l'autre et que leur vie soit belle aux yeux de tous ; que la puissance de l'Évangile les rende forts et qu'ils soient de vrais témoins du Christ.
Que leur union soit féconde, qu'ils se conduisent en parents justes et bons et que tous deux aient la joie de voir les enfants de leurs enfants.
Après une vieillesse heureuse, qu'ils parviennent à la vie sans fin dans le royaume des Cieux.
Par Jésus, le Christ, notre Seigneur.
Tous : Amen.

Troisième bénédiction nuptiale

Après la formule d'introduction, le célébrant continue :

Père très saint, Créateur du monde, toi qui as fait l'homme et la femme à ton image, toi qui as voulu leur union et qui l'as bénie, nous te prions humblement pour N. et P., qui se sont unis aujourd'hui par le sacrement de mariage. Que ta bénédiction descende sur eux. Que la force de l'Esprit Saint les enflamme de ton amour.
Qu'ils trouvent le bonheur en se donnant l'un à l'autre ; que des enfants viennent embellir leur foyer et que l'Église en soit enrichie. Dans la joie, qu'ils sachent te remercier ; dans la tristesse, qu'ils se tournent vers toi ; que ta présence les aide dans leur travail ; qu'ils te trouvent à leurs côtés dans l'épreuve pour alléger leur fardeau.
Qu'ils participent à la prière de ton Église et témoignent de toi dans le monde.
Enfin, après avoir vécu longtemps heureux, qu'ils parviennent, entourés de leurs amis, dans le royaume des Cieux.
Par Jésus, le Christ, notre Seigneur.
Tous : Amen.

Pour le mariage d'un baptisé catholique avec un catéchumène ou un non-baptisé.
Après la formule d'introduction, le célébrant continue :

Père très saint, Créateur du monde, toi qui as fait l'homme et la femme à ton image, toi qui as voulu leur union et qui l'as bénie, nous te prions humblement pour N. et P., qui se sont unis aujourd'hui par les liens du mariage. Que ta bénédiction descende en abondance sur eux. Que la force de l'Esprit Saint les enflamme de ton amour ; qu'ils trouvent le bonheur en se donnant l'un à l'autre ; qu'ils mènent leur vie avec droiture et se montrent des parents exemplaires.
Quand ils seront dans la joie, qu'ils sachent te remercier ; s'ils sont dans la tristesse, qu'ils se

tournent vers toi ; que ta présence les aide dans leur travail ; qu'ils te trouvent à leur côté dans l'épreuve pour alléger leur fardeau. Enfin, après avoir vécu longtemps heureux, qu'ils parviennent, entourés de leurs amis, dans le royaume des Cieux.
Par Jésus, le Christ, notre Seigneur.
Tous : Amen.

Cette bénédiction nuptiale peut être omise et remplacée par la prière suivante :

Sois favorable à nos prières, Seigneur, veille avec bonté sur le mariage que tu as établi pour la vie et la croissance du genre humain : que ta grâce daigne conserver ce qui tient de toi son origine.
Par Jésus, le Christ, notre Seigneur.
Tous : Amen.

Quatrième bénédiction nuptiale

Cette formule ne peut être employée que pour des époux qui communient.
Après la formule d'introduction, le célébrant continue :

Seigneur notre Dieu, tu as appelé par leur nom N. et P. pour qu'en se donnant l'un à l'autre ils deviennent une seule chair et un seul esprit ; donne-leur le corps de ton Fils par qui s'accomplira leur unité.
Tu es la source de leur amour et tu as mis en eux le désir de bonheur qui les anime (donne-leur le sang de ton Fils qui sanctifiera leur amour et leur joie).
En recevant le pain de vie (et la coupe de bénédiction), qu'ils apprennent à donner leur vie pour les autres ; sous la conduite de ton Esprit Saint : qu'ils élèvent dans la fidélité à l'Évangile les enfants qui naîtront de leur amour ; qu'ils recherchent avant toutes choses le royaume de Dieu et sa justice ; qu'ils soient utiles au monde où ils vivront ; qu'ils se montrent accueillants aux plus pauvres ; qu'ils puissent toujours te rendre grâce, et viennent souvent renouveler leur alliance en communiant ensemble au corps ressuscité de Jésus Christ.
C'est par lui que nous te prions : puisqu'il a sanctifié les noces de Cana, et purifié son Église en se livrant pour elle, nous savons qu'il intercède auprès de toi pour N. et P., aujourd'hui, demain et tous les jours de leur vie, jusque dans les siècles des siècles.
Tous : Amen.

Cinquième bénédiction nuptiale

Cette formule peut être utilisée pour le mariage avec un baptisé non-catholique.

Seigneur notre Dieu, Créateur de l'univers et de tout ce qui vit, tu as fait l'homme et la femme à ta ressemblance ; et pour qu'ils soient associés à ton œuvre d'amour, tu leur as donné un cœur capable d'aimer.
Tu as voulu qu'aujourd'hui, dans cette église, N. et P. unissent leur vie.
Tu veux maintenant qu'ils construisent leur foyer, qu'ils cherchent à s'aimer chaque jour davantage et suivent l'exemple du Christ, lui qui a aimé jusqu'à mourir sur une croix. Bénis, protège et fortifie l'amour de ces nouveaux époux :

que leur amour soutienne leur fidélité ; qu'il les rende heureux et leur fasse découvrir dans le Christ la joie du don total à celui qu'on aime.
Que leur amour, semblable à ton amour, Seigneur, devienne une source de vie ; qu'ils les garde attentifs aux appels de leur prochain ; et que leur foyer soit ouvert aux autres. En s'ap puyant sur leur amour, avec la force de l'Esprit, qu'ils prennent une part active à la construction d'un monde plus juste et fraternel et soient ainsi fidèles à leur vocation humaine et chrétienne.
Par Jésus, le Christ, notre Seigneur.
Tous : Amen.

Sixième bénédiction nuptiale

Cette bénédiction peut être chantée ou dialoguée.

Après l'introduction, l'assemblée chante le refrain :
R/ Béni sois-tu, Seigneur, ton amour fait pour nous des merveilles.

Puis le prêtre ou le diacre continue :
Béni sois-tu, Dieu notre Père, pour ton amour, source de tout amour. Tu as voulu que l'amour de l'homme et de la femme soit un signe de l'Alliance que tu as conclue avec ton peuple. Béni sois-tu !

R/ Béni sois-tu, Seigneur, ton amour fait pour nous des merveilles.

Béni sois-tu, Père de notre Sauveur, pour l'Alliance nouvelle scellée dans la Pâque de ton Fils. Toi qui veux aujourd'hui que l'union de N. et P. signifie l'union du Christ et de son Église, béni sois-tu !

R/ Béni sois-tu, Seigneur, ton amour fait pour nous des merveilles.

Béni sois-tu, toi qui envoies ton Esprit pour associer tes enfants à la mission de ton Fils. Toi qui veux que ces jeunes époux, en étant l'un pour l'autre un signe de ta tendresse, deviennent un seul corps et un seul esprit, béni sois-tu !

R/ Béni sois-tu, Seigneur, ton amour fait pour nous des merveilles.

Dieu de l'Alliance, nous te prions pour ces époux dont tu as consacré l'union : envoie sur eux ton Esprit et comble-les de tes bienfaits. Qu'ils connaissent ensemble de longues années de bonheur, qu'ils se soutiennent dans les épreuves. Que leur foyer grandisse dans le respect, l'écoute et le pardon mutuel, dans la recherche de la justice, et le souci des pauvres. Qu'ils connaissent la joie d'une famille heureuse, qu'ils donnent à leurs enfants le goût de vivre selon l'Évangile. Au terme d'une vie sanctifiée par la grâce de leur mariage, qu'ils parviennent à la plénitude du bonheur avec les saints du ciel dans ton Royaume.
Par Jésus, le Christ, notre Seigneur.
Tous : Amen.

Prends chez toi Marie

Il est bon, à la fin de la célébration d'un mariage, de confier à Marie toute votre vie de couple, dans une prière. Il est bon de le refaire chaque jour, dans votre prière conjugale.

Près de la croix de Jésus se tenaient sa mère et la sœur de sa mère, Marie, femme de Cléophas, et Marie Madeleine. Jésus, voyant sa mère, et près d'elle le disciple qu'il aimait, dit à sa mère : « Femme, voici ton fils. » Puis il dit au disciple : « Voici ta mère. » Et à partir de cette heure-là, le disciple la prit chez lui.

Jean 19, 25-27

« Le disciple que Jésus aimait » est Jean, l'évangéliste. Mais cette formule « anonyme » nous fait comprendre que chacun de nous est ce disciple que Jésus chérit. Il nous confie chacun à Marie, sa mère et notre mère.

La Vierge

Marie est la Vierge comblée de grâce, demeure de l'Esprit Saint.
Modèle de toute sainteté, parce qu'elle est entièrement tournée vers le Père ; modèle de la foi quand, à l'Annonciation, elle répond à l'ange : « Voici la servante du Seigneur » (Lc 1, 38) ; modèle d'écoute de Jésus, à Cana : « Tout ce qu'il vous dira, faites-le » (Jn 2, 5) ; modèle de contemplation des mystères de son fils à travers le Rosaire.

La femme

Jésus, l'Époux, voit déjà celle qui sera tirée de son côté transpercé. Il nomme « femme » sa mère, parce que Marie annonce la nouvelle Ève, l'Église.
Au pied de la Croix, Marie devient mère de l'Église. Jésus lui demande de rester chez nous, puisque nous sommes appelés à être enfants du Père. Jésus nous demande de prendre chez nous notre mère, de l'accueillir dans notre famille. Dans beaucoup de maisons, on a posé une image de Marie.

La mère

Marie est la mère de Jésus, et donc la mère de tous les croyants.
Elle n'est pas une intermédiaire entre Dieu et nous – le seul médiateur, c'est Jésus. Mais elle nous éduque, dans l'ordre de la vie spirituelle, comme notre mère l'a fait, dans l'ordre de la vie humaine.

La consécration

Tout homme est appelé à être consacré à Dieu, par le baptême. Le meilleur moyen pour le vivre, c'est de se placer à l'école de Marie. Tout faire avec elle, en elle et par elle est la plus sûre façon d'être consacré à Dieu.

Pour une belle célébration

Une célébration réussie sera un témoignage pour ceux que vous aurez invités, et une façon pour vous de rendre gloire à Dieu. Cela suppose de veiller aux détails… Le prêtre (ou le diacre) qui va recevoir vos consentements le fera avec vous.

La préparation de l'église

Il faut parfois nettoyer l'église. Vérifiez qu'il y aura assez de chaises. Quels sièges pour les mariés ? Une personne est-elle chargée, dans la paroisse, de la décoration florale ? Prenez contact avec elle… Vous pourrez généreusement laisser dans l'église les fleurs que vous aurez apportées. Après la célébration, rendez les lieux comme vous les avez trouvés. Demandez dès maintenant à quelques amis de s'en charger, sitôt la célébration terminée.

Le choix des intervenants

Si vous voulez un organiste, demandez-le au curé. En général, il travaille au cachet, et vous devrez donc vous en acquitter. Il faut choisir avec soin la personne qui dirigera les chants. Il est préférable qu'elle en ait l'habitude… Veillez cependant à ce que la célébration ne soit pas un concert. Choisissez des chants que l'assemblée connaît.

Vous désignerez parmi vos proches ceux qui proclameront les lectures, éventuellement le psaume, ainsi que la prière universelle. Ce n'est pas facile de lire en public, à voix haute, pendant une liturgie émouvante. Les lecteurs pourront s'exercer avant la célébration.

Au cours de la célébration, il est juste de faire une quête. Qui s'en chargera ? Et quand ? Si ce sont des enfants, prévoyez de les faire accompagner par des adultes.

Si vous avez un photographe « officiel », vous pouvez demander qu'il soit le seul à photographier, au moins dans l'église : la célébration sera plus recueillie. Un conseil, cependant : demandez par sécurité à une autre personne de doubler votre photographe, au cas où…

L'organisation des mouvements

Qui fera entrer les invités dans l'église avant vous ? Qui leur montrera où se placer ? S'il y a beaucoup d'enfants pour votre mariage, tant mieux ! Mais où seront-ils placés ? Qui s'occupera d'eux ? Comment organiserez-vous le cortège d'entrée ? Généralement, le marié entre le premier, au bras de sa mère, puis le prêtre, suivi des enfants d'honneur, et enfin la mariée, au bras de son père. Mais on peut aussi placer dans le cortège les grands-parents, les frères et sœurs, les témoins. Chargez quelqu'un de superviser ces mouvements. Où se placeront les témoins ? Comment se fera le mouvement de ceux qui proclament les lectures, qui disent la prière universelle ?

Le livret de la célébration

Beaucoup de fiancés préparent un livret de célébration pour permettre aux invités de mieux participer à la cérémonie. L'informatique permet de réaliser de véritables merveilles… Sur ce livret, contentez-vous de l'essentiel : les lectures, les chants, la prière des époux, la prière universelle… On peut aussi y inscrire les étapes de la célébration. Mais pas besoin d'éditer un livre… Vous pouvez demander à votre accompagnateur de vous fournir un modèle des rubriques à faire figurer dans ce livret.

Pensez à vous y prendre à l'avance, c'est un véritable travail. Qui disposera les livrets sur les chaises avant la cérémonie ? Qui les récupèrera après ? Ne faites pas tout vous-mêmes !

Table des matières

L'auteur, **Jean Villeminot**, est diacre permanent, marié et père de famille. Depuis de nombreuses années, il exerce son ministère auprès des familles. Il prêche notamment régulièrement des retraites aux familles en Foyer de Charité.

Il a également écrit un parcours pour les parents qui demandent le baptême d'un petit enfant, ***Le carnet de route des parents***, parcours qui consiste à se laisser enseigner par la liturgie baptismale.

Remerciements

Je tiens à remercier tout particulièrement :

Geneviève,
Parce qu'elle m'a tout appris sur l'amour.
Le cardinal André Vingt-Trois,
Sans ses conseils et ses orientations, sans son suivi tenace, ce travail n'aurait jamais abouti.
Monseigneur Éric de Moulins-Beaufort,
Pour sa préface et son accompagnement paternel si précieux.
Emmanuel Schwab, curé,
Parce qu'il m'a confié, des années durant, le ministère qui a « accompli » ce parcours.
Alain Mattheeuws, jésuite, docteur en théologie,
À cause de notre amitié spirituelle sur la question de l'amour conjugal.
Les 25 couples accompagnateurs qui sont en mission, avec moi, auprès des fiancés,
Parce que leur charité et leur élan missionnaire m'ont ébloui.
Bernard et Hélène Chauveau,
Parce qu'ils ont été, avec force et patience, mes « anges gardiens »
Les quelques six cents couples de fiancés que j'ai accompagnés,
Parce qu'ils m'ont fait comprendre ce qu'est la mission.

Jean Villeminot

Crédits

Couverture : Taxi/Getty
Intérieur : © Shutterstock ; p. 2 : Yannick Boschat ; p. 14 : tiplyashina/Fotolia.com ; p. 17a : Phase4Photography/Fotolia.com ; p. 17b : Production Perig/Fotolia.com ; p. 23a : Palmer/Corbis ; p. 23b : .shock/Fotolia.com ; p. 28 : Prince/Corbis ; p. 29a : michaeljung/Fotolia.com ; p. 29b : Wittman/Ciric ; p. 29c : arthurhidden/Fotolia.com ; p. 40 : Corbis ; p. 41a : Howgill/Fotolia.com ; p. 41b : Deloche/Godong ; p. 47a : Perri/REA ; p. 64 : Getty ; p. 65a : Jung/Esprit-Photo; p. 65b : Lissac/Godong ; p. 75a : Sygma/Corbis ; p. 75b : Halfpoint/Fotolia.com ; p. 75c : konradbak/Fotolia.com ; p. 82 : David Latour/Ciric ; p. 94 : Peter Cade/Getty ; p. 95a : Jung/Esprit-Photo ; p. 95b : WavebreakMediaMicro/Fotolia.com ; p. 95c : JackF ; p. 102 : Getty ; p. 103a : Nowtiz/Corbis ; p. 103b : Photographee.eu/Fotolia.com ; p. 103c : Jung/Esprit-Photo.

Direction : Guillaume Arnaud
Direction éditoriale : Sophie Cluzel
Direction artistique : Armelle Riva
Conception graphique : Thérèse Jauze
Édition : Emmanuelle Rivoire-Grimaud
Composition : Hélène Léonard
Fabrication : Thierry Dubus, Sabine Marioni

Pour la première édition (2005) : Imprimatur : Paris, le 5 novembre 2004, M.Vidal, v.é. Nihil obstat : Paris, le 5 novembre 2004, M.Dupuy.

Pour la présente édition : Avec l'autorisation ecclésiastique donnée par Mgr Patrick Chauvet, vicaire épiscopal chargé de l'imprimatur du diocèse de Paris, le 17 août 2020.

Les éléments de la liturgie sont conformes au *Rituel du mariage*, édition de 2005.

www.mameeditions.com
ISBN : 978-2-7289-2702-9
MDS : MM0022

MIXTE
Papier issu de sources responsables
FSC® C015559

Achevé d'imprimer en septembre 2020
par Interak en Pologne
N° d'édition : 20178
Dépôt légal : octobre 2020